Cornelia Thiels

Das Selbsthilfeprogramm bei Depressionen

Cornelia Thiels

Das Selbsthilfeprogramm bei Depressionen

Neue Energien finden

Herder
Freiburg · Basel · Wien

Gedruckt auf umweltfreundlichem, chlorfrei gebleichtem Papier

Herstellung: Freiburger Graphische Betriebe 1998
ISBN 3-451-26375-0

Inhalt

Teil I
Was Sie vielleicht über Depressionen wissen möchten, bevor Sie mit der (Selbst)Behandlung beginnen

Teil II
Was können Sie gegen Depressionen tun?

Teil III
Zwischenbilanz und Ausschau

Teil IV
Anhang

Meinen Eltern

Dank

Besonders unterstützt haben mich Brigitte Konitzky,
die mich in der Endphase des Schreibens köstlich bekochte
und auch sonst verwöhnte,
und Prof. Dr. jur. Gabriela von Wallenberg,
die konstruktive Kritik an der ersten Rohfassung
dieses Buchs übte.

An wen wendet sich dieses Buch?

Mit diesem Buch möchte ich niedergeschlagenen Menschen Hoffnung geben und zeigen, wie Sie in kleinen Schritten wieder aktiver werden und das Leben genießen können. Das Buch kann als Leitfaden zur Selbstbehandlung benutzt werden, aber auch zur Begleitung einer Therapie mit Medikamenten gegen Ihre Depression (Antidepressiva). Denn oft haben Ärzte nicht so viel Zeit, wie Sie es sich wünschen. Um die Sprechstunde optimal zu nutzen, möchten Sie vielleicht lieber Ihr Herz ausschütten und dann zu Hause auf Ratschläge und Erklärungen zurückgreifen, die Sie jederzeit nachlesen können. Wenn Sie allerdings ernsthaft daran denken, sich das Leben zu nehmen, sollten Sie nicht nur auf dieses Buch vertrauen, sondern auch mit professioneller Hilfe sicher und schnell aus dieser Sackgasse herauszufinden versuchen (s. Teil III und IV). Eine Behandlung durch Ärzte für Psychiatrie ist ebenso angezeigt bei psychotischen Depressionen, also solchen mit Schuld-, Versündigungs-, Verarmungs- oder hypochondrischem Wahn. D. h., wenn die Betroffenen mit (nahezu) unerschütterlicher Gewißheit an der Überzeugung festhalten, große Schuld auf sich geladen, sich zutiefst versündigt zu haben, völlig verarmt oder unheilbar krank zu sein, obwohl nach Ansicht anderer Menschen derselben Kultur nichts dafür spricht, daß dies zutrifft (Teil I, Kapitel 1).

Das Buch wendet sich daneben auch an Personen, die einen depressiven Angehörigen oder Freund unterstützen und verstehen wollen, warum die geliebte Person sich so verändert hat. Der Text richtet sich ebenso an professionelle Helfer und solche, die es werden wollen, beispielsweise aus der Sozialarbeit und -pädagogik, Psychologie, Medizin, Krankenpflege, Altenbetreuung sowie Seelsorge. Sie alle finden Informationen, die keine psychiatrischen oder psychologischen Fachkenntnisse voraussetzen und nicht durch Verweise auf wissenschaftliche Literatur belastet sind.

Wie benutzen Sie dieses Buch am besten?

Sie lesen keinen Kriminalroman, auch wenn die Lektüre hoffentlich spannend ist. Es geht nicht darum, schnell zur letzten Seite vorzudringen. Wie bei einem Reise- oder Wanderführer kommen Sie nicht durch Lesen allein zum Ziel. Er kann Ihnen aber eine Vorstellung davon geben, wohin Sie gelangen möchten, und Sie zum Aufbruch motivieren. Damit Sie nicht die falsche Richtung einschlagen, finden Sie die genaue Beschreibung von Wegen, aus denen Sie denjenigen Weg auswählen können, der Ihren Kräften und Bedürfnissen entspricht. Haben Sie also etwas Geduld. Probleme, die schon eine Zeitlang bestehen, verschwinden nicht über Nacht. Sie können aber – wie Sie lesen werden – oft gelöst oder zumindest konstruktiv angegangen werden. Führen Sie nach Möglichkeit einige der Übungen durch, die in Teil II beschrieben sind. Überlegen Sie, wann Sie dies in Ruhe tun können. Wenn Sie sich nicht selbst behandeln würden, sondern professionelle Hilfe in Anspruch nehmen wollten, müßten Sie mindestens ebensoviel Zeit dafür aufwenden. Mit gebesserter und schließlich überstandener Depression wird Ihnen Ihre Arbeit wieder so leicht von der Hand gehen, daß Sie die Stunden, die Sie jetzt aufwenden, schnell wieder eingespart haben. Falls Ihnen Teil I zu lang ist, beginnen Sie gleich mit Teil II. Lesen Sie die Kapitel über Spezialprobleme nur bei Bedarf oder Interesse, um sich nicht unnötig zu belasten.

Markieren Sie während der Lektüre, was Ihnen besonders wichtig erscheint, oder schreiben Sie es (in Stichpunkten) auf, damit Sie diese Stellen leicht wieder finden und noch einmal lesen können. Bewerten Sie die empfohlenen Vorgehensweisen in zweierlei Hinsicht: 1. Wie nützlich oder erfolgversprechend erscheint Ihnen dieser Weg?, 2. In welchem Maße sind Sie bereit, ihn zu gehen, d. h. die Ratschläge zu befolgen? Vergeben Sie Noten von 1 = „nutzlos bzw. werde ich bestimmt nicht tun" bis 10 = „hilft garantiert/will ich unbedingt probieren".

Kapitel 3 in Teil II hilft Ihnen bei der Entscheidung, ob – und wenn ja – welchen Menschen Sie um Begleitung auf Ihrem Weg aus der Depression bitten könnten. Wenn Sie möglichst schnelle Unterstützung suchen, schauen Sie gleich auf den Seiten 56/57 nach. Falls Sie sich von Nahestehenden unverstanden fühlen und schlecht erklären können, wie Ihnen zumute ist, geben Sie dieses Buch denen, die mit Ihnen unter Ihrer Depression leiden.

Hinweis:
Für Angaben über Dosierungen kann keine Gewähr übernommen werden. Derartige Angaben müssen vom jeweiligen Anwender im Einzelfall anhand anderer Literatur (Rote Liste, Medikamentenbeipackzettel) auf ihre Richtigkeit überprüft werden.

Teil I

Was Sie vielleicht über Depressionen wissen möchten, bevor Sie mit der (Selbst)Behandlung beginnen

Kapitel 1
Wie erkennt man Depressionen?

a) Körperliche Beschwerden

Es gibt allgemein viele Symptome (Krankheitszeichen), die bei den unterschiedlichsten körperlichen und seelischen Leiden auftreten können. Sie wissen beispielsweise, daß Fieber ein Zeichen für eine Erkrankung ist. Ohne weitere Information können Sie jedoch nicht entscheiden, welche Erkrankung im Einzelfall vorliegt. Sehr hohe Körpertemperaturen treten sogar bei einer psychiatrischen Störung auf, der sogenannten perniziösen Katatonie (einer sehr seltenen Form der Schizophrenie, die gefährlich ist und mit Bewegungssturm oder völliger Erstarrung einhergeht).

Müdigkeit und **Abgeschlagenheit** treten ebenfalls bei vielen Erkrankungen auf. Wenn die Erschöpfung nicht durch besondere Anstrengungen oder eine körperliche Krankheit zu erklären ist, lenkt das den Verdacht auf eine Depression. Eine somatische (körperliche) Ursache sollte aber durch gründliche körperliche Untersuchung und Labortests ausgeschlossen werden, insbesondere wenn es sich eher um Schwäche als um Müdigkeit handelt.

Appetitverlust ist bei Depressionen oft verbunden mit der Klage, daß alles fad schmecke. Dabei kann es zu erheblichem **Gewichtsverlust** selbst in kurzer Zeit kommen. Manche Menschen zwingen sich, regelmäßig zu essen, obwohl sie keine Lust dazu haben. Andere haben ständig Hunger, besonders auf Süßes, und ärgern sich über die **Gewichtszunahme**. Möglicherweise spielt dabei eine Rolle, daß Zukker kurzfristig munter macht und Schokolade eine stimmungsaufhellende Wirkung hat. Außerdem kann man sich mit Süßigkeiten ein wenig trösten – ohne große Anstrengungen, die für Depressive leicht eine Überforderung darstellen.

Darmträgheit ist ohnehin eine weitverbreitete Plage. Bei Depressionen kommt sie besonders häufig vor und wird durch manche Antidepressiva (Medikamente gegen Depressionen) gelegentlich sogar verschlimmert (weitere Einzelheiten dazu in Teil III, Kapitel 2).

Auch **Schlafstörungen** treten keineswegs nur im Rahmen von Depressionen auf, dann aber sehr häufig. Manche Menschen können nicht einschlafen, andere wachen nachts u. U. mehrfach auf, wobei einige schwer in den Schlaf zurückfinden. Besonders unangenehm ist frühmorgendliches Erwachen, oft schon um 3 oder 4 Uhr, wenn alle, die man kennt und vielleicht sprechen möchte, noch in tiefem Schlummer liegen. Der ganze lange Tag liegt wie ein nie zu bezwingender Berg vor den völlig zerschlagenen Depressiven, die schon nach wenigen Stunden nicht mehr schlafen können. Gedanken an Selbsttötung werden dann manchmal übermächtig und führen zu entsprechenden Handlungen.

Da im Verlauf von Depressionen häufig vermehrt **Ängste** vorkommen, treten auch die körperlichen Begleiterscheinungen der Angst bei Depressiven auf. Dazu zählen Herzklopfen bis -rasen, Schweißausbrüche, Zittern, Luftnot, Engegefühl im Hals, Übelkeit bis hin zum Erbrechen, Harndrang, Durchfall und weiche Knie.

Sebastian verliert mit gerade 22 Jahren durch den Krebstod seiner Chefin seinen Ausbildungsplatz, an dem er sich trotz der zunehmend belastenden Situation bewährt und relativ wohl gefühlt hat. Er findet auch bald eine neue Stelle in einem renommierten Restaurant, in dem es allerdings sehr hektisch und unpersönlich zugeht und ein 12–13-Stunden-Arbeitstag für normal und keiner Erwähnung oder gar des Dankes wert gehalten wird. Dem Auszubildenden wird körperlich übel, sobald er die Gasthausküche betritt. Er kann dort kaum Nahrung bei sich behalten, ißt aber in seiner wenigen Freizeit so viel, daß er dennoch zunimmt. Er bekommt am Arbeitsplatz kaum Luft, kann sich nur schwer konzentrieren und fürchtet schon am Abend, welche Fehler ihm am nächsten Morgen wieder vorgeworfen werden. *(Fortsetzung S. 26)*

Von manchen der bisher aufgezählten Symptome ahnten Sie wahrscheinlich, daß sie nicht nur bei körperlichen Erkrankungen vorkommen. Wußten Sie aber auch, daß körperliche **Schmerzen** auf eine Depression hinweisen können? Vielleicht ist Ihnen schon aufgefallen, daß etwas weniger weh tut, wenn Sie abgelenkt und/oder entspannt sind, während Angst die Schmerzen verschlimmert. Übrigens wirken Antidepressiva bei chronischen Schmerzen oft auch dann, wenn sich keine Depression feststellen läßt. Körper und Seele sind eben nicht so klar voneinander getrennt, wie unsere Sprache vermuten läßt. Vielleicht wirken diese Medikamente auch auf die Übertragung von Nervenimpulsen, unabhängig davon, ob diese auf psychischer oder somatischer Ebene wahrgenommen werden.

b) Psychische Symptome

Leitsymptom der Depression ist die **Niedergeschlagenheit.** Verdächtig ist, wenn sich die Stimmung nicht mehr der jeweiligen Situation entsprechend verändert. Die Unfähigkeit, sich zu freuen, ist sehr treffend in Christian Andersens Märchen „Die Schneekönigin" beschrieben: Dem kleinen Kai gerät ein Splitter des Teufelsspiegels ins Auge. Daraufhin verliert er die Freude an allem, und seine Wahrnehmung ist so verändert, daß er nicht einmal mehr die Schönheit der Rosen sehen kann.[1]

Depression und Trauer voneinander zu unterscheiden ist nicht immer leicht. Trauer ist eine menschliche Regung, deren Fehlen von schwer Depressiven, die nichts mehr – auch keine Liebe und Trauer – empfinden können, schmerzlich und mit Schuldgefühlen registriert wird. Sie ist bei psychisch gesunden Menschen dem Anlaß angemessen. Das bedeutet natürlich auch, daß es pathologische (krankhafte) Trauerreaktionen gibt. Grob gesprochen geht man davon aus, daß Hinterbliebene etwa ein halbes Jahr nach dem Tod naher Angehöriger wieder weitgehend am Leben teilnehmen können. Wenn nach Ablauf dieser Frist unverändert die bereits aufgezählten Symptome einer Depression weiter bestehen, sollte Abhilfe gesucht werden. Eine weitere Unterscheidungsmöglichkeit bietet die Selbstachtung: Sie bleibt durch Trauer unberührt, ist bei Depressionen jedoch fast immer in Mitleidenschaft gezogen. Sie können Ihren verstorbenen Mann schmerzlichst vermissen, ohne sich deshalb als Person weniger wert zu fühlen.

Auch wenn religiöse Menschen in eine Glaubenskrise geraten, ist nicht immer leicht zu erkennen, ob sie Anzeichen einer Depression

[1] Hans Christian Andersen: Die Schneekönigin, in: Märchen, Wien (Ueberreuter) 1960.

ist. Die Selbstwert-Problematik drückt sich dann u. U. auch in dem Gefühl aus, von Gott nicht geliebt zu sein. Die Unfähigkeit zu lieben zeigt sich bei religiösen Depressiven nicht nur im Verhältnis zu anderen Menschen, sondern auch zu Gott. Das löst selbstverständlich Schuldgefühle aus. Groß ist auch die Verzweiflung, wenn die bisher gerade in schwierigen Zeiten so verläßliche Hilfe wegfällt, nämlich die Gewißheit, daß Schicksalsprüfungen einen Sinn haben und Gott es letztlich gut mit einem meint.

Im Zusammenhang mit der bereits erwähnten Abgeschlagenheit steht die **Antriebslosigkeit.** Schon das Aufstehen ist kaum zu schaffen. Alltägliches bis hin zur Körperpflege bedeutet eine Kraftanstrengung und wird deshalb manchmal vernachlässigt. In Beruf und Haushalt bleibt Arbeit liegen, auch bei sonst fleißigen und gewissenhaften Menschen, die es belastet, ihre Pflichten nicht erfüllen zu können.

Der für Depressionen typische **Interessenverlust** läßt sich vielleicht als Teil der allgemeinen Verlangsamung von Denken und Handeln (bis hin zur völligen Bewegungslosigkeit, dem sogenannten Stupor) verstehen. Es fehlt aber nicht nur die Energie, sich mit seinen Hobbys, der Familie, guten Freunden und beruflichen Themen zu beschäftigen. Depressive empfinden darüber hinaus weniger Anteilnahme an den genannten Personen und Dingen. Sie werden gleichgültig, auch was die eigene Person betrifft, vom Aussehen über die Karriere bis hin zu Beziehungen.

Die bereits angesprochenen **Selbstwertprobleme** scheinen aber nicht nur eine Folge der gegenwärtigen Unzulänglichkeiten zu sein. Depressive beurteilen oft auch ihr bisheriges Leben als erfolg- und vielleicht sogar sinnlos. Generell scheinen Menschen in Abhängigkeit von ihrer aktuellen Stimmung eher Erfreuliches oder Betrübliches zu erinnern (siehe auch Teil II, Kapitel 12).

Bei anhaltender, starker Niedergeschlagenheit kann dies zu einer äußerst ungünstigen Bilanz führen. Kleine Vergehen werden überbewertet bis hin zum **Schuld- und Versündigungswahn.** Diese beziehen sich aber nicht nur auf etwas, das tatsächlich von der kranken Person zu verantworten ist. Manchmal schreiben sich schwerst Depressive sogar Katastrophen zu, die sie gar nicht verursacht haben. So kann es beispielsweise vorkommen, daß Betroffene überzeugt sind, schuld an einem Konflikt zu sein, der in einem weit entfernten Land mit Waffengewalt ausgetragen wird.

Selbst für Laien ist offensichtlich, daß ein solcher Wahn krankhaft ist. Andere Patienten glauben mit einer Gewißheit, die durch logische Argumente und Vorzeigen des Sparbuchs nicht zu erschüttern ist, daß sie so verarmt seien, daß sie nicht einmal das Essen im Krankenhaus bezahlen könnten, für das ohnehin die Krankenkasse aufkommt (**Verarmungswahn**).

Auch ein hypochondrischer Wahn tritt gelegentlich im Rahmen einer Melancholie auf. Leichtere Formen von **Hypochondrie** (übertriebene Krankheitsfurcht) kennen die Fans von Woody Allen, der sie immer wieder darstellt. Körperliche Mißempfindungen, die wir normalerweise nicht ernst, wenn überhaupt deutlich wahrnehmen, beunruhigen Hypochonder. Häufig suchen sie mit ihren Beschwerden Ärzte auf. Manche mißtrauen den Versicherungen, daß sie nicht krank seien, und fürchten auch nach wiederholten Untersuchungen immer noch, an Krebs, AIDS oder einer anderen bedrohlichen Erkrankung zu leiden. Während einer Depression können die unter a) genannten Beschwerden hypochondrisch gedeutet werden. Das ist im Rahmen einer Depression nur ein Aspekt der allgemeinen Neigung zu Schwarzseherei und Hoffnungslosigkeit. Von **hypochondrischem Wahn** spricht man erst, wenn an der Überzeugung, schwer krank zu sein, unerschütterlich festgehalten wird, obwohl die in der jeweiligen Kultur üblichen Nachweise fehlen. In besonders traurigen Fällen führt das zu fatalen Handlungen. So nahm sich ein Jugendlicher das Leben, weil er glaubte, an AIDS erkrankt zu sein – trotz aller Untersuchungen, die das Gegenteil belegten.

Möglicherweise im Zusammenhang mit **Angst** tritt bei manchen Depressiven eine große körperliche Unruhe auf. Sie laufen rastlos auf und ab, ringen die Hände oder fahren mit dem Auto ziellos umher, wobei sie unter ihrer Unrast leiden, die nicht leicht in sinnvolle Aktionen umzuleiten ist.

Die Stimmung Depressiver kann **Tagesschwankungen** zeigen. Typisch für die Melancholie ist ein absolutes Tief in den (frühen) Morgenstunden und eine regelmäßige Aufhellung am Nachmittag oder Abend – unabhängig davon, ob um diese Tageszeit eine belastende Arbeit beendet wird oder eine geliebte Person nach Hause kommt. Diese Zyklen treten also auch an Wochenenden auf. Wenn es den Kranken vorher unablässig schlecht ging, sind diese regelmäßig auftretenden Stimmungsaufhellungen Zeichen einer Besserung.

c) Probleme im zwischenmenschlichen Bereich

Sie können sich sicher leicht vorstellen, daß die meisten psychischen und einige der somatischen Veränderungen eines Depressiven nicht nur sie selbst, sondern auch ihr soziales Umfeld belastet. Müdigkeit, Erschöpfung, Antriebslosigkeit und Interessenverlust haben oft **sozialen Rückzug** zur Folge. Menschen, die sonst Geselligkeit mochten, vielleicht sogar oft Initiatoren gemeinsamer Unternehmungen waren und in ihrer extrovertierten Art eine Gruppe unterhalten und auf Unbekannte zugehen konnten, beteiligen sich kaum am Gespräch, antworten einsilbig und leise, schieben alles mögliche vor, warum sie einer Einladung nicht nachkommen können oder geben offen zu, daß sie keine Lust haben zu kommen.

Die übertriebene Krankheitsfurcht oder gar Überzeugung, unheilbar krank zu sein, stoßen selbst bei psychiatrischem Pflegepersonal oft auf Unverständnis. Um wieviel schwerer muß es Laien in der Umgebung von Depressiven fallen, immer wieder höchst unglaubwürdige Schilderungen lebensbedrohlicher Leiden zu hören. Schon die andauernden Klagen über harmlosere Befindensstörungen können für die Zuhörer eine harte Geduldsprobe sein.

Das bereits erwähnte **Gefühl der Gefühllosigkeit,** die Unfähigkeit, Liebe oder Trauer zu empfinden, bedeuten natürlich eine große Einschränkung und Belastung für familiäre und andere Beziehungen. Ähnliches gilt auch für den **Verlust an sexuellem Interesse und Erlebnisfähigkeit.**

Depressive fühlen sich durch ihre verminderte Belastbarkeit oft durch Kleinigkeiten gestört, was dann als **Reizbarkeit** zum Ausdruck kommen kann. Für die Adressaten solchen Unwillens kann es schwer einzuschätzen sein, ob sie vielleicht wirklich etwas falsch gemacht haben und lediglich Rücksicht nehmen sollten, um wieder in Frieden mit dem früher durchaus umgänglichen Mitmenschen zu leben.

Begreiflicherweise werden sozialer Rückzug und sexuelles Desinteresse von den Freunden oder Partnern leicht persönlich genommen, was zu gekränkten Kontaktabbrüchen führen mag oder vermehrtem Bemühen, für die geliebte Person attraktiv zu sein. Beides kann in einen Teufelskreis münden. Aufgrund seines ohnehin angeschlagenen Selbstwertgefühls wird der depressive Mensch nun erst recht überzeugt sein, daß ihn keiner mag bzw. daß er der nun noch hübscher zurechtgemachten Frau nichts wert sei, daß sie sicher nur aus Mitleid vorgebe, ihn zu lieben oder in ihrer neuen Aufmachung vielleicht nur anderen gefallen wolle. Oder eine depressive Frau kann die vermehrten Bemühungen ihres Mannes schuldhaft verarbeiten: „Obwohl er so gut zu mir ist, empfinde ich keine Liebe für ihn, mag mich nur in den Arm nehmen lassen, um mich auszuweinen und kann mich nicht einmal aufraffen, mir die Haare zu waschen."

Manche Menschen beginnen während einer Depression zu stehlen. Möglicherweise vertreibt die Aufregung, die mit dem Risiko, erwischt zu werden, verbunden ist, kurzfristig die Antriebslosigkeit und lenkt von trüben Gedanken ab. Dann handelt es sich bei der Beute oft um Gegenstände, die die Kleptomanen gar nicht brauchen können. Andere fühlen sich so sehr zu kurz gekommen, daß sie für einen Ausgleich sorgen wollen. Man kann auch spekulieren, ob unbewußte Wünsche nach Strafe dazu führen, sich bei einem dilettantischen Ladendiebstahl erwischen zu lassen. Bei der Kombination von Depression und einer Eßstörung, die mit Heißhunger-Attacken einhergeht, ist Mundraub keine Seltenheit. Falls Sie die Kontrolle über Ihr Eßverhalten verloren haben, ist das Buch „Die Bulimie besiegen – Ein Selbsthilfeprogramm" von Ulrike Schmidt und Janet Treasure sehr zu empfehlen (siehe Anhang). Die zweite Autorin dieses Selbstbehandlungsbuchs hält es für möglich, daß die zunehmende Häufigkeit von Bulimia nervosa damit zu erklären sei, daß junge Frauen in der westlichen Welt heute auf diese Weise ihre Not ausdrücken, statt vorwiegend durch Depressionen. Hinzuzufügen wäre, daß zu Sigmund Freunds Zeiten Hysterie zumindest beim weiblichen Geschlecht in Zentraleuropa deutlich häufiger auftrat als heute, vielleicht wiederum eine andere Form, in der sich ähnliches seelisches Leid äußert.

d) Depressionsfragebögen

Inzwischen haben Sie sicher schon einen Verdacht, ob Sie oder eine Ihnen nahestehende Person depressiv ist. Der folgende, schon seit vielen Jahren häufig verwendete Fragebogen von A. Beck und Mitarbeitern (1961, s. Anhang) kann Ihnen helfen, das Ausmaß der Störung genauer einzuschätzen.

Sie können diesen Bogen vor dem ersten Ausfüllen mehrfach kopieren und die Selbstbeurteilung wiederholen, wann immer Sie möchten, um sich Veränderungen Ihres Zustandes vor Augen zu führen. Depressive merken nämlich meist als letzte, daß es mit ihnen bergauf geht.

Der folgende Fragebogen enthält Gruppen von Antworten. Lesen Sie bitte jede Gruppe sorgfältig. Suchen Sie dann aus jeder Gruppe **eine** Äußerung aus, die am besten beschreibt, wie Sie sich in der **letzten Woche, einschließlich heute,** gefühlt haben. Machen Sie einen Kreis um die Zahl neben dieser Äußerung. Sollten Ihnen mehrere Äußerungen gleich passend erscheinen, markieren Sie alle zutreffenden Sätze.

Lesen Sie bitte alle Äußerungen aus jeder Gruppe, bevor Sie eine Entscheidung treffen!

1. 0 Ich bin nicht traurig.
   1 Ich bin traurig.
   2 Ich bin immer traurig und kann es nicht abschütteln.
   3 Ich bin so traurig oder unglücklich, daß ich es nicht ertragen kann.

2. 0 Ich bin nicht besonders mutlos, wenn ich an die Zukunft denke.
   1 Ich bin entmutigt, wenn ich an die Zukunft denke.
   2 Ich sehe keine Perspektive für die Zukunft.
   3 Ich glaube, die Zukunft ist hoffnungslos und nichts wird sich bessern.

3. 0 Ich fühle mich nicht als Versager.
   1 Ich glaube, ich habe häufiger versagt als der Durchschnittsmensch.
   2 Wenn ich auf mein Leben zurückschaue, sehe ich nur viele Fehlschläge.
   3 Ich fühle mich menschlich als absolute/r Versager/in.

4. 0 Ich bin ebenso zufrieden wie früher.
   1 Ich genieße die Dinge nicht mehr so wie früher.
   2 Nichts befriedigt mich mehr wirklich.
   3 Alles ist unbefriedigend oder langweilig für mich.

5. 0 Ich fühle mich nicht besonders schuldig.
   1 Ich fühle mich häufig schuldig.
   2 Ich fühle mich meistens schuldig.
   3 Ich fühle mich immer schuldig.

6. 0 Ich fühle mich nicht bestraft.
   1 Ich glaube, ich könnte bestraft werden.
   2 Ich rechne mit einer Strafe.
   3 Ich fühle mich bestraft.

7. 0 Ich bin nicht enttäuscht von mir.
   1 Ich bin enttäuscht von mir.
   2 Ich verabscheue mich.
   3 Ich hasse mich.

8. 0 Ich finde mich nicht schlechter als andere.
   1 Ich stehe meinen Schwächen oder Fehlern kritisch gegenüber.
   2 Ich mache mir wegen meiner Fehler immerzu Vorwürfe.
   3 Ich bin schuld an allem Bösen, das passiert.

9. 0 Es kommt mir nicht in den Sinn, meinem Leben ein Ende zu setzen.
   1 Ich habe Selbstmordgedanken, würde sie aber nicht ausführen.
   2 Ich möchte mich umbringen.
   3 Ich würde mich umbringen, wenn ich die Möglichkeit hätte.

10. 0 Ich weine nicht mehr als sonst auch.
    1 Ich weine jetzt mehr als früher.
    2 Ich weine jetzt die ganze Zeit.
    3 Früher konnte ich weinen, jetzt geht das nicht mehr, auch wenn ich möchte.

11. 0 Ich bin jetzt nicht leichter gereizt als sonst auch.
    1 Ich bin leichter ärgerlich oder gereizt als früher.
    2 Ich bin zur Zeit immer gereizt.
    3 Dinge, die mir früher auf die Nerven gingen, stören mich jetzt nicht mehr.

12. 0 Ich habe das Interesse an anderen Menschen nicht verloren.
1 Ich bin weniger an anderen interessiert als früher.
2 Ich habe mein Interesse an anderen weitgehend verloren.
3 Ich habe das Interesse an anderen Menschen völlig verloren.

13. 0 Ich treffe Entscheidungen ungefähr so gut wie sonst auch.
1 Ich verschiebe Entscheidungen häufiger als früher.
2 Ich habe größere Schwierigkeiten, Entscheidungen zu treffen als früher.
3 Ich kann überhaupt keine Entscheidungen mehr treffen.

14. 0 Ich finde, ich sehe nicht schlechter aus als früher.
1 Ich fürchte, ich sehe alt oder unattraktiv aus.
2 Ich glaube, es gibt bleibende Veränderungen in meinem Aussehen, die mich unattraktiv machen.
3 Ich glaube, ich bin häßlich.

15. 0 Ich arbeite ungefähr so gut wie früher.
1 Es kostet mich eine besondere Anstrengung, mit etwas zu beginnen.
2 Ich muß mich sehr anstrengen, um irgend etwas zu tun.
3 Ich kann überhaupt nicht arbeiten.

16. 0 Ich schlafe so gut wie immer.
1 Ich schlafe nicht mehr so gut wie früher.
2 Ich wache 1–2 Stunden früher auf als üblich und kann schlecht wieder einschlafen.
3 Ich wache etliche Stunden eher auf als früher und kann nicht wieder einschlafen.

17. 0 Ich ermüde nicht leichter als sonst.
1 Ich ermüde leichter als früher.
2 Fast jede Aktivität ermüdet mich.
3 Ich bin zu müde, um überhaupt etwas zu tun.

18. 0 Mein Appetit ist nicht schlechter als üblich.
1 Mein Appetit ist nicht mehr so gut wie früher.
2 Mein Appetit ist viel schlechter geworden.
3 Ich habe gar keinen Appetit mehr.

19. 0 Ich habe in letzter Zeit kaum abgenommen, wenn überhaupt.
  1 Ich habe mehr als 5 Pfund abgenommen.
  2 Ich habe mehr als 10 Pfund abgenommen.
  3 Ich habe mehr als 15 Pfund abgenommen.

Ich versuche absichtlich, weniger zu essen, um abzunehmen.
  Ja
  Nein

20. 0 Ich mache mir nicht mehr Sorgen um meine Gesundheit als sonst.
  1 Ich mache mir Sorgen über körperliche Probleme wie Schmerzen, Magenbeschwerden oder Verstopfung.
  2 Ich mache mir große Sorgen um meine Gesundheit und kann kaum an etwas anderes denken.
  3 Ich mache mir solche Sorgen um meine Gesundheit, daß ich an nichts anderes denken kann.

21. 0 Ich habe in letzter Zeit keine Veränderung an meinem sexuellen Interesse bemerkt.
  1 Ich interessiere mich weniger für Sex als früher.
  2 Ich habe jetzt viel weniger Interesse an Sex.
  3 Ich habe das Interesse an Sex völlig verloren.

Addieren Sie die jeweils höchsten Zahlen, die Sie pro Frage mit einem Kreis versehen haben. Falls Sie versuchen, absichtlich weniger zu essen, um abzunehmen, schließen Sie Frage 19 von Ihrer Bewertung aus, d. h. zählen Sie die dort markierte Punktzahl **nicht** mit.

Eine Summe zwischen
0–9 gilt als normal. Ein Gesamtpunktwert von
10–18 spricht für eine leichte bis mittelschwere, von
19–29 für eine mittelschwere bis schwere, von
30–63 für eine extrem schwere Depression.

Kapitel 2
Mögliche Folgen von Depressionen für Betroffene

Wenn Sie sich noch einmal die vielen körperlichen Symptome einer Depression vor Augen führen, wird es Sie nicht wundern, daß viele Betroffene ihren Hausarzt aufsuchen. Der denkt vermutlich zunächst an somatische Erkrankungen, bei denen die vorgetragenen Beschwerden ebenfalls auftreten. Nicht alle diagnostischen Maßnahmen sind so harmlos wie eine Untersuchung von Blut und Urin oder ein Elektrokardiogramm (EKG, Herzuntersuchung). Röntgenaufnahmen oder das Einführen eines Herzkatheters (wenn nur das Herzrasen, nicht aber die Angst erlebt und berichtet wird) sind schon belastender.

Eine Gefahr für die zwischenmenschlichen Beziehungen entsteht dadurch, daß Depressive faul, humorlos und egoistisch wirken können, was nicht gerade anziehend ist. Wer sich auf einer Party amüsieren will, wird einen großen Bogen um den niedergeschlagenen Gast machen. Selbst gute Freunde verlieren bei ständigem Gejammer auf Dauer die Geduld. Irgendwann geben sie auf, wenn keine Einladung zu einer gemeinsamen Unternehmung angenommen wird. Depressive sehen sich teilweise außerstande, den Hörer des klingelnden Telefons abzunehmen. Erst recht fehlt ihnen die Initiative, von sich aus anzurufen oder gar zu schreiben. Das wird leicht als Desinteresse an der Freundschaft oder Beziehung gedeutet, die daran schließlich auch zerbrechen kann. Außerdem wirkt Traurigkeit ansteckend, und erfolglose Versuche, jemandem zu helfen, führen zu einem Gefühl der Hilflosigkeit, das jeder gern vermeidet.

Die Beeinträchtigung der Leistungsfähigkeit kann zu Problemen in Ausbildung, Beruf und Haushalt führen. Bei selbstbestimmter Arbeit bleibt diese oft liegen.

Eine klinische Psychologin in leitender Stelle an einer amerikanischen Universitätsklinik schaffte es während ihrer Depressionen nicht, Briefe über ihre Patienten zu diktieren und wissenschaftliche Texte zu schreiben. Wenn es ihr gut ging, trug sie den Berg von Unerledigtem schnell und mühelos ab (Jamison 1996, s. Anhang).

Fortsetzung des Beispiels aus Kapitel 1, S. 15:
Sebastian ließ sich schließlich kurz krank schreiben, kündigte dann den Ausbildungsplatz endgültig und meldete sich arbeitslos. Er mußte aber bald erkennen, daß er nicht nur angemessen auf eine Überforderung reagiert hatte, sondern an einer Depression litt. Er wurde auch zu Hause von plötzlicher Panik befallen und konnte sich nur in Gesprächen mühsam zugestehen, nicht ein völliger Versager zu sein und vielleicht doch eine Zukunft zu haben. Er war unfähig, sein Zimmer aufzuräumen oder gar zu putzen, und die schmutzige Wäsche türmte sich. Als er sich langsam erholte, erledigte er diese Hausarbeiten wieder, fand eine Stelle in einem neuen Restaurant bei seinem alten Chef und hatte sogar wieder Spaß an der Berufsschule.

Können Sie sich vorstellen, daß eine depressive Person bei einem Bewerbungsgespräch so überzeugend wirkt, daß sie die Stelle oder das Stipendium bekommt? Der junge Mann im Fallbeispiel hatte das Glück, bereits aus der Zeit vor seiner Depression als tüchtiger und liebenswerter Mitarbeiter bekannt zu sein. Manche Depressive bewerben sich gar nicht erst, sei es aus Antriebsmangel, weil sie sich die Aufgabe nicht zutrauen oder weil sie nicht glauben, daß die Wahl auf sie fallen könnte – eine sich selbst erfüllende Prophezeiung.

Bei alten Menschen besteht die Gefahr, daß die depressive Einschränkung intellektueller Fähigkeiten zur Heimunterbringung führt, weil unwiderruflicher geistiger Abbau vermutet wird. Verstärkt wird der Eindruck einer Demenz durch die Selbstunsicherheit, die Depressive häufig mit „Ich weiß nicht" antworten läßt.

Niedergeschlagenheit verleitet manche Menschen, bei Alkohol oder anderen Substanzen Trost zu suchen. Depressive Schlafstörungen und Ängste führen leicht zum Gebrauch und dann gelegentlich zur Abhängigkeit von Schlaf- und Beruhigungsmitteln. Deshalb ist schon unter dem Gesichtspunkt der Schadensbegrenzung eine möglichst frühzeitige Behandlung der Depression angezeigt. Außerdem sollten sich Betroffene klarmachen, daß Alkohol – wenn überhaupt – nur sehr kurzfristige Erleichterung bringt, Probleme jedoch eher verschlimmert als löst. Außerdem begünstigt er mittelfristig die Entstehung oder Aufrechterhaltung einer Depression. Falls es bereits zur Abhängigkeit von Alkohol, Schlaf-, Beruhigungs- oder anderen Mitteln gekommen ist, muß auch diese Störung behandelt werden (siehe

Teil II, Kapitel 16). Es hilft nicht, nur die vielleicht tatsächlich verursachende Depression zu behandeln und zu hoffen, daß sich dann die Alkohol- oder anderen Substanzabhängigkeiten von selbst geben werden. Andererseits verschwindet die Depression nach erfolgreicher Bekämpfung der Suchterkrankung nicht immer, sondern muß vielleicht ebenfalls direkt angegangen werden.

Manche Depressive erkranken zu anderen Zeiten an Manien, dem Gegenteil einer Melancholie. Ihre Stimmung ist häufig ansteckend heiter, manchmal aber auch gereizt, besonders bei Widerständen gegen ihre Pläne und Aktionen. Manische Menschen treten mit überzeugender Selbstsicherheit auf und reißen durch den eigenen Glauben an ihre unbegrenzten Fähigkeiten und Kräfte viele andere mit, so daß es ihnen z.B. gelingt, wesentlich mehr Geld auszugeben, als sie haben. Tatsächlich brauchen sie kaum Schlaf und sind rastlos aktiv, ohne Rücksicht auf sich selbst oder andere. Ihre Gedanken rasen bis zur Unverständlichkeit. Ihr Redefluß ist nicht zu bremsen und ihre Lautstärke kaum zu dämpfen. Ihre sexuellen Bedürfnisse sind ausgeprägt und ungehemmt. Sie haben meist keine Einsicht in die Krankhaftigkeit ihres Zustands und gefährden – wenn niemand eingreift – ihre Finanzen, zwischenmenschlichen Beziehungen, ihre berufliche Situation und auch Dritte, etwa durch rasantes Autofahren. Früher oder später folgt der Manie meist eine schwere Depression mit besonders ausgeprägtem Suizidrisiko. Eine ergreifende Schilderung der Manie liefert eine selbst betroffene Psychologin (Jamison 1996, siehe Anhang).

Depressionen treten auch nach akut psychotischen Episoden von Schizophrenien auf. Dabei ist unklar, inwieweit Medikamente gegen Wahn und Halluzinationen (Neuroleptika) zu Niedergeschlagenheit, Antriebslosigkeit und Verlangsamung beitragen. Deshalb ist die Versuchung groß, sie einfach abzusetzen. Das führt meist zu einem Wiederauftreten der psychotischen Symptomatik, allerdings oft mit solcher Verzögerung, daß der Zusammenhang nicht offensichtlich ist. Bei Depressionen im Verlauf einer Schizophrenie sollte die Möglichkeit einer Dosisreduktion der Neuroleptika mit dem behandelnden Psychiater besprochen und eine Behandlung mit Antidepressiva erwogen werden. Außerdem hilft dieses Buch hoffentlich weiter.

Suizidgedanken im Rahmen einer Depression können als angemessener Todeswunsch alter oder schwerkranker Menschen mißverstanden werden. In solchen Fällen beschönigend von „Freitod" zu sprechen, halte ich für unethisch. In jedem Fall sollte bei der Äußerung eines Todeswunsches genau ergründet werden, unter welchen – von ihm nicht mehr erhofften – Umständen ein Mensch doch bereit wäre weiterzuleben. Selbst Schmerzen bei Krebs im Endstadium lassen sich heute bei kontinuierlicher Morphingabe und liebevoller Zuwendung weitgehend lindern. Gedanken, überflüssig oder gar eine Belastung zu sein, werfen Fragen danach auf, ob die alte oder kranke Person wirklich einsam und vernachlässigt und/oder depressiv ist. Dabei kann sich natürlich der Teufelskreis entwickelt haben, daß viele Gleichaltrige bereits gestorben sind und die jüngeren Generationen nicht in der Nähe leben und/oder viele andere Pflichten und Interessen haben. Dies kann zu einer Depression führen, die dann die Besuche und Anrufe bei der antriebs- und freudlosen, jammernden Verwandten wenig attraktiv und deshalb selten werden lassen, was die Vereinsamung und Depression weiter verstärkt. Statt den daraus resultierenden Lebensüberdruß aus Unwissenheit oder Bequemlichkeit für berechtigt zu erklären, sollte die Depression mit allen Mitteln bekämpft werden.

Jeder Suizidversuch erhöht das Risiko für einen weiteren Versuch und damit die Gefahr, sich schließlich tatsächlich das Leben zu nehmen. Fast alle Menschen, die sich umbringen, kündigen dies mehr oder weniger deutlich an. Natürlich werden zum Glück nicht alle suizidalen Gedanken verwirklicht. Es läßt sich aber nicht sicher voraussagen, welchen Überlegungen Taten folgen und welchen nicht. Hoffnungslosigkeit stellt eine besonders große Gefahr dar. Wir halten viel aus, solange wir glauben, daß es eines Tages wieder besser wird. Genau das können sich jedoch viele Depressive nicht vorstellen.

Vorsicht ist auch geboten bei Depressionen, die durch Substanzmißbrauch kompliziert werden. Alkohol, Schlaf- und Beruhigungsmittel enthemmen, so daß autoaggressiven Impulsen eher nachgegeben wird. Außerdem ist die Situation durch die Sucht unter Umständen wirklich verfahren. Nicht jeder reagiert voll Mitleid auf Selbstvorwürfe in diesem Zusammenhang, sondern verstärkt sie eher, weil er sie für berechtigt hält. Hinzu kommt, daß die Mittel zum Suizid zumindest teilweise griffbereit sind. Müßten sie erst beschafft werden, ergäbe sich durch diesen Aufschub die Möglichkeit, es sich noch einmal anders zu überlegen.

Aus diesem Grund ist es – insbesondere bei Suizidalität – nicht ratsam, größere Mengen potentiell tödlicher Medikamente, wie beispielsweise manche Antidepressiva, zu verschreiben. Falls es unumgänglich erscheint, ist zu erwägen, sie von einer vertrauenswürdigen, nahestehenden Person verwalten zu lassen, natürlich in Absprache mit ihr und dem Patienten.

Auch wenn die eingenommene Dosis derartiger Medikamente nicht tödlich war und die rechtzeitige Entdeckung wahrscheinlich, sollte dies nicht nur als leere Drohung abgetan werden. Laien wissen oft nicht, daß auch viele Tabletten mancher Präparate eher harmlos sind. Sie können sich jedoch beim nächsten Versuch mit einem anderen Medikament bleibenden Schaden zufügen. Berechnungen, wann der Partner nach Hause kommt und den Rettungsdienst rufen kann, gehen nicht immer auf. In jedem Fall sind solche parasuizidalen Handlungen als Botschaft eines Menschen ernst zu nehmen, der glaubt, sich anders kein Gehör verschaffen zu können.

Kapitel 3
Mögliche Folgen von Depressionen für Angehörige

Wie bereits in Kapitel 2 erläutert, beeinträchtigen Depressionen auch das Verhalten gegenüber anderen Menschen. Die daraus resultierende Belastung für Ehen und andere Beziehungen schadet aber nicht nur dem Depressiven, sondern auch seinem sozialen Umfeld. Am meisten sind vielleicht diejenigen gefährdet, die sich am wenigsten wehren können. Depressive Verstimmungen treten keineswegs selten im Wochenbett auf, selbst wenn das Kind von beiden Eltern heiß ersehnt war. Auch im ersten Jahr nach der Entbindung treten Depressionen häufiger auf als bei Frauen gleichen Alters und derselben Sozialschicht, die nicht in den letzten zwölf Monaten entbunden haben. Kinder depressiver Mütter entwickeln sich langsamer und haben häufiger psychische Störungen, wie zum Beispiel Störungen der Sprachentwicklung und des Sozialverhaltens, was den Umgang mit ihnen nicht gerade erleichtert. Dies kann die Depression der Mutter wiederum verstärken, so daß ein Teufelskreis entsteht, der möglicherweise durch Hilfe für alle Beteiligten durchbrochen werden muß.

Ehepartner von Depressiven entwickeln häufiger als andere Menschen selbst Depressionen. Dies liegt nicht (nur) daran, daß sich gleich und gleich gern gesellt. Das Risiko, eine Depression zu entwickeln, steigt mit der zunehmenden Zahl von Jahren des Zusammenlebens mit einer depressiven Person. Wenn Sie sich die Sorgen, Enttäuschungen, Selbstzweifel bis -vorwürfe und die Hilflosigkeit vorstellen, die der tägliche Umgang mit einem depressiven Partner hervorruft, wundert Sie das sicher nicht. Hinzu kommen vielleicht Wut und Erschöpfung, wenn vieles am gesunden Partner hängen bleibt, was fast nur gemeinsam zu leisten ist. Es fehlen das gemeinsame Sich-Freuen, die Anregungen, die Zuwendung, Zärtlichkeit und Sexualität.

Die Folgen einer Depression für Ausbildung und Beruf können die ganze Familie betreffen, besonders bei Selbständigen, deren Existenz von ihrem vollen Einsatz abhängt. Kommen Alkoholprobleme oder eine Manie (siehe Kapitel 2, S. 26f.) hinzu, wird die Lage noch prekärer. Dennoch werden viele Menschen zögern, ihren depressiven Partner im Stich zu lassen, weil sie fürchten, daß es ihm dann noch schlechter gehen und er seine Suiziddrohungen wahr machen könnte.

Es ist sehr schwierig, den goldenen Mittelweg zwischen übertriebener Einmischung bis hin zur Selbstaufgabe und kaltblütiger Abwendung von einem Menschen in Not zu finden. Sie helfen aber auch dem Depressiven nicht, wenn Sie sich überfordern. Gerade bei länger dauernden oder wiederkehrenden Belastungen gilt es, einen langen Atem zu haben. Das gelingt aber nur, wenn man die eigenen Bedürfnisse und Grenzen erkennt und respektiert. Lassen Sie nicht zu, daß der soziale Rückzug Ihres Partners auch Ihre Freundschaften zerstört. Sorgen Sie dafür, daß Ihr beruflicher Erfolg nicht leidet. Er ist eine Quelle der Selbstbestätigung, die Sie besonders dann brauchen, wenn Sie wegen der Depression Ihres Partners fürchten, daß Ihre Ehe scheitern könnte. Je weniger ihr Partner in seiner Ausbildung oder am Arbeitsplatz leistet, desto wichtiger ist Ihr Fort- oder Einkommen. Ein Depressiver in der Familie oder Beziehung ist genug. Gehen Sie weiterhin Ihren Interessen nach, um Kraft zu schöpfen für den belastenden Umgang mit Ihrem Partner. Sagen Sie rechtzeitig, daß Sie trotz allen Verständnisses mehr Klagen nicht hören können. Verweisen Sie auf Selbst- oder professionelle Hilfe und übernehmen Sie nicht ungefragt die Rolle des Therapeuten.

Zu viel Einmischung und ungebetene Ratschläge verschlimmern die Lage. Bei jugendlichen Depressiven kann dadurch die Ablösung vom Elternhaus gefährdet werden. In Partnerschaften ergibt sich leicht ein Ungleichgewicht, das depressive Selbstzweifel und Schuldgefühle eher verstärkt. Das gilt auch für die Übernahme von Pflichten des Depressiven, was seiner Antriebslosigkeit zumindest nicht entgegenwirkt und bei bequemen Menschen den Anreiz zur Gesundung mindern kann. Generell ist die Versuchung groß, krank zu bleiben, wenn dies vorteilhafter erscheint als gesund zu werden. Deshalb ist deutlich mehr Rücksichtnahme und Aufmerksamkeit als gewohnt während einer Depression nicht unbedingt hilfreich.

Kapitel 4
Wie entstehen Depressionen?

Die in Kapitel 1, S. 14 ff. erwähnten psychosomatischen Zusammenhänge sind keine Einbahnstraße. Natürlich beeinflußt auch der körperliche Zustand das seelische Befinden. Ganz unverfälscht durch Selbstdisziplin läßt sich das an kleinen Kindern beobachten. Kurz vor dem Ausbruch einer Infektionskrankheit sind sie oft deutlich mißgestimmt. Erst wenn Sie – am nächsten Tag etwa – Fieber gemessen haben oder Masern oder Mumps deutlich sichtbar wurden, verstehen Sie, warum es dem Kleinen am Vortag gar nicht recht zu machen war. Auch Erwachsene sind unter Umständen während oder nach einer Grippe oder schweren Erkältung niedergeschlagen. Ob die Viren direkt die Stimmung beeinflussen oder manche Menschen einfach schwer ertragen, weniger leistungsfähig zu sein, läßt sich schwer sagen. Möglicherweise spielt beides eine Rolle.

Auch beim Schlaganfall und Morbus Parkinson (Zitterstarre) wissen wir nicht genau, inwieweit die häufig auftretenden Depressionen nur als verständliche Reaktion auf die aus der Krankheit resultierenden Einschränkungen zu verstehen oder doch auch hirnorganisch bedingt sind. Ähnlich ist es bei der hormonellen Umstellung im Wochenbett oder in den Wechseljahren. In vielen Fällen spielt sicher auch die große Umstellung eine Rolle, die vor allem mit der Geburt des ersten Kindes verbunden ist, nach der stationär behandlungspflichtige psychiatrische Erkrankungen häufiger vorkommen als nach weiteren Entbindungen. Während der Wechseljahre müssen sich viele Frauen daran gewöhnen, daß ihre Kinder aus dem Haus gehen und Attraktivität und Leistungsfähigkeit nachlassen.

Chronische Schmerzen können sowohl depressiv machen als auch durch eine Depression verstärkt oder gar verursacht werden. Wichtig ist nicht nur die gründliche Abklärung und – wo möglich – Beseitigung der Schmerzen oder ihrer Ursache, sondern auch eine Einflußnahme auf die psychosozialen Auswirkungen des Leidens. Häufig führt es nämlich zu sozialem Rückzug und Aufgabe geliebter Aktivitäten, was an sich schon die Stimmung drückt, dadurch aber auch die Schmerzen verstärkt, wobei wir wieder bei einem der vielen Teufelskreise wären. Es gibt inzwischen auf diese komplizierten Wechselwirkungen spezialisierte Schmerzzentren, wo Mediziner/innen und Psycholog/innen zusammenarbeiten (siehe Anhang, S. 192).

Haben Sie erst während der Depression den Appetit verloren oder vielleicht durch eine drastische Hungerkur Niedergeschlagenheit, Gereiztheit, Konzentrationsstörungen, Antriebsmangel und sozialen Rückzug hervorgerufen? Wenn dies zutrifft, lesen Sie auch Teil II, Kapitel 18.

Bewegen Sie sich ausreichend körperlich? Wenn nicht, kann das zu Ihrer Depression zumindest beitragen. Wie Sie allmählich etwas Bewegung in Ihren Alltag bringen, obwohl Sie dafür keine Zeit zu haben meinen, lesen Sie im Teil II, Kapitel 17.

In jedem Fall lohnt bei einer Depression eine gründliche körperliche und Blutuntersuchung, um körperliche Anteile an der Verursachung frühzeitig zu erkennen und behandeln. Zu denken ist dabei an Anämie, Blutungen oder Tumore im Schädelinneren, Diabetes (Zuckerkrankheit), Hepatitis (Gelbsucht), Krebs, Pfeiffersches Drüsenfieber oder eine Unterfunktion der Schilddrüse. Überlegen Sie auch (gemeinsam mit Ihrem Arzt und nach Lektüre der Beipackzettel), ob Sie Medikamente oder Drogen einnehmen, die Sie depressiv machen können, wie etwa bestimmte blutdrucksenkende Medikamente und Kortison. Bei manchen Substanzen (z. B. Weckaminen, wie sie in Appetitzüglern, „Speed" und „Ecstasy" vorkommen) tritt die Depression erst nach dem Absetzen auf. Dies gilt auch für exzessiven Koffeinkonsum.

Wenn körperliche Ursachen ausgeschlossen oder behandelt sind, bleibt folgendes zu überlegen: Haben sie in den Monaten vor dem Beginn Ihrer Depression eine geliebte Person durch Trennung, Scheidung oder Tod verloren? Mußten Sie einen derartigen Verlust fürchten, weil in Ihrer Beziehung ernsthafte Schwierigkeiten auftraten, ein Kind das Elternhaus zu verlassen plante oder bei einem Angehörigen eine schwere Erkrankung wie Krebs, Herzinfarkt oder AIDS diagnostiziert wurde? Sind Sie umgezogen und wohnen jetzt weit von Ihren Freunden und Bekannten entfernt? Haben Sie Ihre Stelle verloren? Hat sich die Hoffnung auf eine Verbesserung in Ihrem Leben (Studien-, Ausbildungs- oder Arbeitsplatz, Beförderung, bessere Wohnung, dauerhafte Bindung durch Eheschluß) zerschlagen? All diese und andere belastende Lebensereignisse (Verluste und Bedrohungen, einen Menschen oder eine soziale Rolle zu verlieren) können Depressionen auslösen.

Mußten Sie aus finanziellen, familiären oder gesundheitlichen Gründen auf Aktivitäten verzichten, die Ihnen viel Freude bereitet haben oder auf die sie stolz waren? Versorgen Sie beispielsweise Ihre zunehmend pflegebedürftige Schwiegermutter, so daß Sie kaum noch das Haus zu verlassen wagen? Sind Sie körperlich und seelisch völlig überlastet, weil sie etwa mit viel Eigenleistung ein Haus gebaut haben, das deutlich teurer wurde als geplant? Nicht nur belastende Lebensereignisse können zu Depressionen führen, sondern auch Dauerstreß.

Eine Kombination von beidem ist durchaus nicht selten. Besonders traurige Beispiele sind Flüchtlinge, die vor dem Verlassen ihrer Heimat gefoltert wurden, die Ermordung Nahestehender miterlebten und/oder ihr gesamtes Hab und Gut verloren. Im Gastland sind sie großer Unsicherheit über ihr weiteres Schicksal, Langeweile, Feindseligkeit und Armut ausgesetzt. Angesichts dessen wundert es kaum, daß viele unter ihnen an einer Depression leiden.

Das Risiko, daß belastende Lebensereignisse oder Dauerstreß eine Depression auslösen, scheint sich – zumindest bei Frauen – mit jedem der folgenden Faktoren zu erhöhen: wenn sie finanziell nicht gut gestellt sind, drei oder mehr Kinder unter 15 Jahren in ihrem Haushalt versorgen, keine vertrauensvolle Intimbeziehung haben, keiner außerhäuslichen Berufstätigkeit nachgehen und vor dem Alter von 11 Jahren einen Elternteil verloren.

In vielen der genannten Fälle handelt es sich um Situationen, über die Sie keine Kontrolle haben. Beispielsweise haben Sie hart gearbeitet und waren eine angesehene und beliebte Kollegin. Aber der Betrieb hat geschlossen, und Sie sind ohne eigenes Verschulden arbeitslos geworden. Sie haben sich wirklich um eine neue Stelle bemüht. Aber Angehörige Ihres Berufes sind durch die Einführung von speziellen Computerprogrammen kaum noch gefragt. Sie wollen eine Umschulung machen. Aber die ist weit entfernt, und Sie müßten sich auf den Weg machen, bevor der Kindergarten öffnet. Auch Ihr Mann kann Ihre Tochter nicht regelmäßig in den Kindergarten bringen, da er Schicht arbeitet. Was immer Sie tun, nichts scheint zu gelingen. Dann kann es leicht passieren, daß Sie resignieren, kaum noch Stellenanzeigen lesen mögen und vielleicht insgesamt antriebslos und pessimistisch werden.

Die Gefahr, bei solchen belastenden Lebensereignissen depressiv zu werden, ist besonders groß, wenn Ihr Selbstwertgefühl schon vorher nicht sehr ausgeprägt war. Ungünstig ist auch, zu Verallgemeinerungen zu neigen: „Mir gelingt nie etwas." Das gilt ebenso, wenn Sie sich selbst die Schuld zuschreiben, auch wenn dies nicht berechtigt ist: „Wenn ich wirklich gut wäre, würde ich sicher eine Stelle finden." (Weiteres siehe Teil II, Kapitel 9). Wenn sie meinen, perfekt sein zu müssen, leisten Sie einer Depression Vorschub: „Ich hätte mir denken können, daß ich in diesem Beruf keine Zukunft habe. Mein Schulabschluß hätte besser sein müssen." In Teil I, Kapitel 8 und 11, finden Sie Hinweise, wie sich ein solcher Denkstil und derartige Einstellungen ändern lassen.

Tritt Ihre Depression nur während der dunklen Jahreszeiten auf und bessert sich, sobald die Tage wieder länger werden? In diesem Fall hilft häufig die Behandlung mit sehr hellem Licht. Nach dem derzeitigen Wissensstand sind 10000 Lux vierzehn Tage lang für je zwei Morgenstunden optimal. Sie können dabei tun, was Sie mögen – essen, lesen, plaudern, stricken etc. Sollten Sie (oder Ihre Mitmenschen) nach einiger Zeit merken, daß Sie gereizt, aufgedreht, euphorisch werden, beunruhigend wenig Schlaf brauchen, mehr und lauter reden, sehr von sich selbst überzeugt sind, viel Geld ausgeben, große Pläne schmieden und sexuell interessierter und aktiver werden als Sie es je waren, dann unterbrechen Sie die Lichttherapie und suchen Sie umgehend eine Ärztin für Psychiatrie oder einen Nervenarzt auf. Eine der wenigen Nebenwirkungen dieser Behandlung ist nämlich, daß sie in äußerst seltenen Einzelfällen das Gegenstück zur Melancholie, also eine Manie auslöst. Im allgemeinen bewirkt diese Behandlung aber lediglich eine deutliche Besserung der Winterdepression.

Auch eine genetisch bedingte Veranlagung kann die Entstehung einer Depression begünstigen. Haben Sie Blutsverwandte, die ebenfalls depressiv oder manisch waren, deshalb Medikamente einnahmen, ambulant oder stationär psychiatrisch behandelt wurden oder sich gar das Leben nahmen?

Ähnlich wie für Leib und Seele am Beispiel chronischer Schmerzen bereits dargestellt, gibt es natürlich auch Wechselwirkungen zwischen Depression und sozialem Umfeld. Die psychische Störung kann sowohl zwischenmenschliche Probleme hervorrufen, diese aber ebenso seelische Krankheiten auslösen. Eine betrogene Frau wird vielleicht depressiv und dadurch unattraktiv, was wiederum die Neigung ihres Partners zur Untreue fördert, was sie noch kränker macht usw. *Im Beispiel von Sebastian (Kap. 1, S. 15 und 2, S. 26) lösten die Belastungen während der Ausbildung eine Depression aus, die ihn dann vorübergehend so lähmte, daß er nicht einmal mehr sein Zimmer aufräumen und seine Wäsche waschen konnte. Als sich die Depression gebessert hatte, war er normalen Arbeitsanforderungen wieder gewachsen, entschied sich aber für eine Laufbahn, in der weniger Zeitdruck und Überstunden zu befürchten waren als in der seine Depression auslösenden Situation.*

Kapitel 5
Wenn die Depression nicht das einzige Übel ist

Heutzutage sprechen Experten bei zwei gleichzeitigen Erkrankungen von „Komorbidität" und versuchen nicht mehr, alle Beschwerden auf eine Haupt- oder Grunderkrankung zurückzuführen. Tatsächlich ist es keine Seltenheit, daß eine Krankheit nicht allein auftritt. Dabei kommen sowohl Kombinationen von zwei oder mehr psychischen (z. B. Depression und Alkoholprobleme) als auch seelischen und körperlichen Erkrankungen vor (siehe auch Kapitel 4).

Besonders häufig tritt bei Depressionen **Angst** auf. Es ist nicht immer leicht zu entscheiden, womit die Erkrankung begann. Hat eine Angsterkrankung das Leben so sehr eingeschränkt, daß die betroffene Person dann depressiv wurde, oder ist im Rahmen der Depression Angst aufgetreten auch bei Menschen, die sonst eher furchtlos waren? In diesem Fall ist zu erwarten, daß sie nach Abklingen der Depression ebensowenig ängstlich sein werden wie früher. Das trifft auch auf Panikattacken zu, die typischerweise durch plötzliche Todesangst oder das Gefühl gekennzeichnet sind, verrückt zu werden. Zum Glück können Sie wenigstens sicher sein, daß gerade das nicht passieren wird. Aber die – wenn auch noch so unbegründete – Angst davor ist unangenehm genug. Wenn die Panik in bestimmten Situationen auftritt, fliehen die Betroffenen meist und meiden diese Situationen in Zukunft. Es gibt aber auch Panikanfälle ohne offensichtlichen Auslöser.

Ängste vor bestimmten Objekten (z. B. Spinnen, Hunden, und Schlangen) oder Situationen wie Aufenthalt in großer Höhe, Fliegen, Prüfungen, öffentliches Reden, Parties heißen Phobien. Sie lassen sich wirksam verhaltenstherapeutisch behandeln. Isaak Marks hat dies in seinem Buch „Ängste. Verstehen und bewältigen" (siehe Anhang) verständlich beschrieben und zeigt darüber hinaus, wie Sie sich selbst helfen können. Für die medikamentöse Behandlung gilt, daß in allen Fällen von Depression – mit oder ohne Angst – und auch bei nur zeitweise auftretender Angst mit mehr oder weniger ausgeprägter

Depression Antidepressiva mindestens so wirksam sind wie Beruhigungsmittel, die ohnehin wegen der Gefahr der Abhängigkeitsbildung nur äußerst selten zu empfehlen sind.

Ähnlich wie die Angst kommen auch Zwänge bei manchen Menschen vorwiegend während einer Depression vor und klingen mit ihr wieder ab. Es gibt sowohl Zwangsgedanken als auch -handlungen. Für beide gilt, daß sie den Betroffenen meist unsinnig erscheinen und unangenehm sind. Immer wieder kreisen dieselben Sorgen im Kopf, ohne daß es gelingt, sich abzulenken oder auf neue Einsichten oder gar Lösungen zu kommen. Vielleicht kann man es mit einem „Ohrwurm" vergleichen, einer Melodie, die man irgendwo gehört hat, und die einem tagelang nicht mehr aus dem Sinn geht. Eine meiner Patientinnen beschrieb, daß sie einen Taktgeber im Kopf habe wie ein Metronom, der sie zwinge, alles in einem bestimmten Rhythmus zu tun.

Zwangshandlungen bestehen häufig in mehrfachem, zeitraubendem Überprüfen, ob beispielsweise die Haustür abgeschlossen oder ein Elektrogerät ausgeschaltet ist. Eine Betroffene mußte immer wieder zu derselben Stelle auf der Autobahn zurückkehren, wo sie jemanden überfahren zu haben glaubte. Waschzwänge können ebenfalls sehr störend sein. Eine Patientin war während ihrer Monatsblutung fast den ganzen Tag mit der Selbstreinigung beschäftigt und ließ sich schließlich die Gebärmutter entfernen. Genaueres finden Sie in den im Anhang aufgelisteten Selbstbehandlungsbüchern für Zwangskranke. Für die mit – meist leichteren – Zwängen einhergehende bzw. die im Verlauf einer Zwangserkrankung entstehende Depression gilt wie bei den Ängsten, daß Antidepressiva die geeignete medikamentöse Behandlung darstellen, wobei häufig auch ein günstiger Einfluß auf die Zwänge zu beobachten ist. Im Anhang finden Sie die Anschrift der Deutschen Gesellschaft Zwangserkrankungen e. V., die Ihnen zumindest Auskunft über regionale Selbsthilfegruppen und Bücher zur Selbstbehandlung dieser Störungen gibt.

Wie in Kapitel 4 bereits erwähnt, können Abmagerungskuren depressiv machen. Sie können außerdem zu Eßstörungen wie Magersucht oder Bulimia nervosa (Eß-/Brechsucht) führen. Für beide Erkrankungen sind ein sehr geringes Selbstwertgefühl und eine enorme Überbewertung von Gewicht und Figur typisch. Perfektionismus und Schuldgefühle nach Heißhunger-Attacken kommen ebenfalls häufig vor. Viele der Betroffenen meinen, außer auf ihr Gewicht und ihre Figur auf fast nichts in ihrem Leben Einfluß zu haben. Vielleicht fallen Ihnen bereits die Parallelen zu den psychologischen Entstehungsbedingungen von Depressionen auf, und es überrascht Sie nicht, daß Eßgestörte meist auch mehr oder weniger depressiv sind. Magersüchtige können sich kaum von ihrer Depression erholen, ohne wieder ein gesundes Körpergewicht zu erreichen. Mit zunehmenden Pfunden bessert sich die Depression oft ohne gezielte antidepressive Therapie. Ehemals Magersüchtige erleiden aber häufig nicht nur einen Rückfall ihrer Eßstörung oder den Übergang in eine Bulimia nervosa, sondern sind auch unabhängig davon anfälliger für Depressionen als andere Menschen.

In Kapitel 2 kam auch zur Sprache, daß nach durch Wahn und Halluzinationen gekennzeichneten, akuten schizophrenen Episoden häufig depressive Verstimmungen auftreten, die sogar mit Lebensmüdigkeit einhergehen können. Die akute Psychose, die Nachbetreuung einschließlich Vorbeugung gegen Rückfälle sowie Suizidalität bedürfen der Behandlung durch einen Arzt oder eine Ärztin für Psychiatrie bzw. einen Nervenarzt oder eine Nervenärztin.

Als eine der Gefahren von Depressionen kam in Kapitel 2 bereits das Trinken als Selbstheilungsversuch zur Sprache. Depressionen können sich aber auch im Gefolge von übermäßigem Geselligkeitstrinken entwickeln, das mit Kummer zunächst nichts zu tun hat. Ähnlich wie beim Schlaganfall und Morbus Parkinson (Zitterstarre, Kapitel 4) läßt sich nicht mit Sicherheit ausmachen, inwieweit es sich um eine psychologische Reaktion auf den durch Trinken angerichteten Schaden handelt oder auch um eine direkte Wirkung des Alkohols auf das Gehirn. Näheres lesen Sie in Teil II, Kapitel 16.

Nicht jeder greift bei Problemen zu den legalen Drogen wie Alkohol und Tabak. Wie für Trinken und Rauchen gilt aber auch für den Konsum von Haschisch, Heroin, Kokain, Ecstasy und dergleichen, daß die Sucht häufig damit beginnt, lediglich in der Gruppe mithalten zu wollen. Und ebenso wie in Kapitel 16 für die Kombination von Alkoholproblemen und Depression besprochen, müssen beide Störungen behandelt werden.

Nach extremen Belastungen wie Geiselnahme, Raubüberfall, Flugzeugabsturz und Naturkatastrophen treten bei vielen Menschen Beschwerden auf, die zuerst an amerikanischen Vietnam-Veteranen beobachtet, beschrieben und unter dem Begriff „posttraumatische Streßstörung" („Post traumatic stress disorder oder PTSD) zusammengefaßt wurden. Dazu gehören das ungewollte, sehr intensive Nacherleben des grauenvollen Ereignisses mit Beeinträchtigung der Konzentration, Überwachheit, Abstumpfung der Gefühle, Alpträumen und anderen Schlafstörungen. Niedergeschlagenheit bis hin zum Vollbild einer Depression kann hinzukommen. Es gibt mehrere Behandlungsansätze und auf solche Patienten spezialisierte Einrichtungen (siehe Anhang). Antidepressiva können bei PTSD generell helfen, und dieses Buch kann bei der begleitenden Depression hilfreich sein. Wenn körperliche oder sexuelle Gewalt eine posttraumatische Streßstörung ausgelöst haben, lesen Sie Teil II, Kapitel 20.

Beim gleichzeitigen Auftreten von körperlichen Krankheiten wie Krebs, Herzinfarkt, Morbus Parkinson und Schlaganfall (siehe auch Kapitel 4) geht es ähnlich wie bei einer schweren psychiatrischen Erkrankung (z. B. Schizophrenie) um die Einstellung auf ein neues Selbstbild und engere Grenzen dessen, was man tun kann und muß, aber auch um das Erkennen neuer Möglichkeiten. Solange Sie gesund waren, erschienen vielleicht Aktivität und Erfolg als besonders wichtig. Während einer schweren Krankheit können Sie entdecken, wie wertvoll Zeit zum Nachdenken, verläßliche Freunde und Familie und Verständnis für andere durch eigenes Leiden sind. Weiteres zu diesem Thema finden Sie in Teil II, Kapitel 10, S. 105 f.

Teil II

Was können Sie gegen Depressionen tun?

Kapitel 1
Stimmungsbarometer

Sie selbst können Ihre Stimmung am besten einschätzen und neigen vielleicht nur während Depressionen dazu, global das Tief zu registrieren, ohne die feineren Abstufungen zu beachten. Das läßt sich aber leicht ändern, wenn Sie von nun an Ihre Gestimmtheit auf einer Skala von 1 (tieftraurig/zu Tode betrübt/hoffnungslos) bis 10 (überglücklich/himmelhochjauchzend/„selig") beschreiben. Dann können Sie mühelos mit ein bis zwei Zahlen notieren, wie Sie sich fühlen.

Sehen Sie Ihre Niedergeschlagenheit nicht nur als einen Feind an, den es zu bekämpfen gilt. Versuchen Sie, Niedergeschlagenheit als hilfreichen Hinweis zu verstehen, daß etwas nicht stimmt, das Sie in Ordnung bringen müssen. Wenn ein die Schmerzwahrnehmung zum Gehirn leitender Nerv beschädigt ist, kommt es in dem von ihm versorgten Gebiet leicht zu Verletzungen, so daß die Haut dort nach einiger Zeit von Narben übersät ist. Das Gebiß Heroinabhängiger ist meist in einem desolaten Zustand. Da sie durch den Opiatgebrauch vor Schmerzen bewahrt werden, merken sie nicht, wenn ihre Zähne schadhaft sind. Nehmen Sie Ihre Depressivität als Seelenschmerzen, die Ihnen helfen können, Ihr Leben, Ihre Einstellung zu sich selbst, Ihrer Umgebung und Ihrer Zukunft so zu ändern, wie es für Sie und die, mit denen Sie zu tun haben, am besten ist.

Eine genaue Beobachtung, zu welchen Zeiten und in welchen Situationen es Ihnen besser oder schlechter geht, ist in vielerlei Hinsicht nützlich:

1. Oft meinen Depressive, es ginge ihnen pausenlos maximal schlecht. Erst bei genauerer Überprüfung dieses Eindrucks bemerken Sie auch die Grautöne im vermeintlichen Schwarz.
2. Durch Selbstbeobachtung – möglichst mit kurzen Aufzeichnungen wie etwa Stichworten in einer Tabelle (s. u.) – ergeben sich Hinweise darauf, was Ihnen etwas Linderung verschafft und was Sie deshalb mehr tun sollten.

3. Dabei wird sich zeigen, daß Sie Ihrer Depression nicht völlig ausgeliefert sind, sondern Einfluß auf sie nehmen können. Die Einsicht, daß Sie mehr Kontrolle über Ihr Leben haben als Sie dachten, wird Ihnen guttun.
4. Ihr Tagebuch mit Stimmungsbarometer eignet sich auch zum Überprüfen, ob Sie mit Ihrer Selbstbehandlung den richtigen Weg eingeschlagen haben, damit Sie gegebenenfalls rechtzeitig die Richtung ändern können.
5. Depressionen sind nicht wie Zahnschmerzen und die hier aufgezeigte Abhilfe keine Tablette, die nach einer halben Stunde wirkt. Wegen des langsamen Fortschritts meinen Sie vielleicht, Sie hätten gar keine Erfolge mit Ihren Bemühungen. Wenn Sie nach einiger Zeit ihre aktuelle Selbsteinschätzung mit den Ausgangswerten vergleichen, werden Sie wahrscheinlich angenehm überrascht sein, wieviel Sie doch erreicht haben.

Luises Tagebuch zu Beginn ihrer Selbstbehandlung und nach vier Wochen

Wochentag, Datum: Sonntag, 11. 04.

Uhrzeit	**Auslöser**	**Verhalten**	**Folgen**	**Stimmung**
0–1	Nacht/müde	geschlafen	merke Depression nicht	
1–2	"	"	"	
2–3	"	"	"	
3–4	?	wach gelegen	Sorgen	2
4–5	?	"	hoffnungslos	1
5–6		geschlafen		
6–7		"		
7–8		"		
8–9		"		
9–10	aufgewacht	aufgestanden	gut, daß Nacht zu Ende	3
10–11	Frühstück	ohne Appetit gegessen	besser als leerer Magen	3

Uhr-zeit	Auslöser	Verhalten	Folgen	Stimmung
11–12	null Bock	rumgehangen	unzufrieden	2
12–13	Gewohnheit	gekocht mit Familie	wenigstens abgelenkt	3
13–14	Mittagessen	mit allen am Tisch	besser als allein	4
14–15	müde	Mittagsschlaf	besser als Nacht	5
15–16	Kaffee	3 St. Kuchen gegessen	Angst um Figur	2
16–17	Kinder	Radtour	wenigstens gesund	4
17–18	"	"	"	4
18–19	"	"	"	4
19–20	Abendbrot, schlechte Manieren der Kinder	nichts gegessen, Kinder ausgeschimpft	hat nichts genützt, fühle mich als Mutter als Versager	1
20–21	Tradition	den Kindern vorgelesen	besser als Mekkern	4
21–22	Unordnung	aufgeräumt	komme mir wie Sisyphos vor	2
22–23	Gewohnheit	mit Knut Nachrichten gesehen	Krieg, Katastrophen und Todesfälle: in welcher Welt wachsen unsere Kinder auf?	2
23–24	todmüde	trotzdem nicht eingeschlafen	Angst vor schlafloser Nacht	1

Wochentag, Datum: Montag, 12. 4.

Uhr- zeit	Auslöser	Verhalten	Folgen	Stimmung
0–1		geschlafen		
1–2		geschlafen		
2–3		geschlafen		
3–4	?	wach gelegen	Sorgen	2
4–5	?	wach gelegen	Angst vor d. Tag	1
5–6		geschlafen		
6–7		geschlafen		
7–8	Wecker	Frühstück f. Familie gemacht	zerschlagen	2
8–9	alle weg	wieder zu Bett	unzufrieden	2
9–10		aufgestanden	erschöpft	2
10–11	verdreckte Wohnung	geputzt	hasse es	2
11–12	"	"	"	2
12–13	"	"	"	2
13–14	Kinder von Schule zurück	Reste gegessen/gehört wie es in der Schule war	Kinder brauchen mich doch	4
14–15	völlig erschöpft	geschlafen	schaffe jetzt den restlichen Tag	5
15–16	leider nötig	Hausaufgaben kontrolliert	über schlechte Schrift geärgert	3
16–17	Simone zum Klavierunterricht gebracht	im Verkehr stecken geblieben/in der Nähe eingekauft: Schlange	total genervt	2
17–18	"	"	"	2

Uhrzeit	Auslöser	Verhalten	Folgen	Stimmung
18–19	Abendbrot, mal wieder nur mit den Kindern	wieder wegen Manieren geschimpft	Fühle mich von Knut im Stich gelassen	2
19–20	Tradition	den Kindern vorgelesen	Kinder das beste an der Ehe	4
20–21	Unordnung	aufgeräumt	wozu habe ich eine gute Ausbildung?	2
21–22	Knut vom Büro zurück	ihm eine Szene gemacht	macht alles noch schlimmer	1
22–23	müde, verzweifelt	schon allein zu Bett, geweint	irgendwie mache ich alles falsch	1
23–24	Erschöpfung	eingeschlafen	Erlösung	7

Wenn Ihnen das Format dieses Tagebuchs zusagt, kopieren Sie sich die Vorlage am Ende des Kapitels mehrfach, um mühelos einen Überblick und Vergleichsmöglichkeiten zu gewinnen. Sie können natürlich auch frei formuliert schreiben oder sich ein anderes Muster nach Ihren individuellen Bedürfnissen entwerfen. Es kommt weder auf guten Stil noch auf saubere Schrift, Vollständigkeit oder dergleichen an. Das Tagebuch soll nicht perfekt sein, sondern Ihnen helfen. Ihm können Sie anvertrauen, was Sie anderen nicht sagen mögen. Tun Sie dies am besten täglich, da Sie sich an längere Zeitabschnitte nicht so leicht und genau erinnern können und es dann schnell zur Pflichtübung wird, etwas nachzutragen, anstatt mit Hilfe des Tagebuchs zu erkennen, wo doch kleine Lichtblicke und Unterschiede waren, die Sie in Ihrer Selbstbehandlung nützen können.

Wochentag, Datum:

Uhrzeit	**Auslöser**	**Verhalten**	**Folgen**	**Stimmung (1–10)**
0–1				
1–2				
2–3				
3–4				
4–5				
5–6				
6–7				
7–8				
8–9				
9–10				
10–11				
11–12				
12–13				
13–14				
14–15				
15–16				
16–17				
17–18				
18–19				
19–20				
20–21				
21–22				
22–23				
23–24				

Kapitel 2
Wie definieren Sie Ihre persönlichen Ziele und Etappen auf dem Weg aus der Depression?

Es gibt im wesentlichen zwei Ansätze, Ihre Wünsche zu strukturieren: Entweder Sie beginnen im Hier und Jetzt und überlegen, was Sie an Ihrem derzeitigen Zustand am meisten stört. Der zweite Ansatz erlaubt Ihnen, zumindest gedanklich Ihrem derzeitigen Elend zu entfliehen und sich eine rosige Zukunft oder Ihr persönliches Paradies auf Erden auszumalen. Das kann an sich schon aufbauend wirken, besonders wenn Sie sich solch angenehme Phantasien bisher versagt haben, weil sie meinten, sich auf Ihren grauen Alltag konzentrieren zu müssen. Die nächste Aufgabe besteht dann darin zu überlegen, was Sie tun können, um Ihren Zielen näher zu kommen.

Bei der ersten Methode können Sie eine Liste erstellen, in welcher Reihenfolge Sie Ihre Probleme lösen wollen, entweder die dringendsten zuerst, oder zunächst das, was am leichtesten zu bewältigen scheint. Im ersten Fall ist die Motivation besonders hoch, im zweiten sind die Erfolgsaussichten vielleicht besser. In jedem Fall ist es wichtig, den Weg zu Ihrem Ziel in Etappen zu unterteilen, die nicht zu groß für Sie sind. Wenn Sie bei einem kleinen Schritt Erfolg haben, werden Sie auch den nächsten wagen. Gelingt Ihnen dagegen ein weiter Sprung nicht, werden Sie sich entmutigt in Ihrer kritischen Selbsteinschätzung und Hoffnungslosigkeit bestätigt fühlen und möglicherweise aufgeben.

Beginnen wir damit, uns an den Problemen zu orientieren, die Sie besonders bedrücken. Was möchten Sie als erstes in Angriff nehmen? Was macht Ihre Depression noch schlimmer und was ein kleines bißchen erträglicher? Beantworten Sie in Stichworten die folgenden Fragen:

Was stört mich im Augenblick am meisten?
Antwortbeispiele:
- Die Probleme mit meinem (Ehe-)Partner
- Daß ich nicht einschlafen kann

- Meine Lustlosigkeit
- Daß ich mich zu nichts aufraffen kann
- Meine gedrückte Stimmung

Was möchte ich als erstes ändern?
Antwortbeispiele:
- Einen (anderen) Arbeitsplatz finden
- Meine Ehe retten
- Wieder schlafen können
- Nicht mehr meine Kinder anschreien
- Nicht mehr allein sein

Was macht meine Depression noch schlimmer?
Antwortbeispiele:
- Kälte
- Dunkelheit
- am Wochenende allein zu sein
- der Berg unerledigter Arbeit
- Absagen auf Stellenbewerbungen

Was ist erträglich?
Antwortbeispiele:
- Mit dem Hund spielen
- Wenn jemand anruft
- Musik hören
- Wenn die Kinder im Bett liegen
- Wenn ich einen guten Film sehe und alles andere vergesse

Versuchen Sie nun – soweit dies nötig ist – Ihre Probleme konkreter zu formulieren, und wählen Sie als Ziel etwas, worauf Sie Einfluß haben. Gesetzt den Fall, Sie führen Ihre Depression auf die zunehmende Zerrüttung Ihrer Ehe zurück, und dies stört Sie auch im Augenblick am meisten. Nehmen wir weiter an, die Probleme mit Ihrer Frau bestehen unter anderem darin, daß sie sich ständig beklagt, Sie hätten nie Zeit für die Familie. Als erstes Zeichen, daß Sie sie ernst nehmen und Ihnen Ihre Ehe wichtig ist, könnten Sie Ihr folgendes anbieten: Sie wollen mindestens dreimal pro Woche nach Hause kommen, bevor die Kinder im Bett liegen, und am Wochenende mindestens einen Tag ganz der Familie widmen. Falls dies eine radikale

Umstellung Ihrer bisherigen Terminplanung bedeutet, können Sie sich diesem Ziel auch über einen genau definierten Zeitraum annähern und – zumindest anfangs – kleine Abweichungen erlauben, aber doch im Schnitt das erreichen, was Sie sich realistischerweise vorgenommen haben.

Sollten sich dagegen die Vorwürfe nicht so einfach in Handlungsanweisungen umformulieren lassen, bitten Sie ihre Partnerin, konkreter zu werden. Nehmen wir Hanna und Erich:

Hanna: Du liebst mich nicht mehr!

Erich: Woran könntest du merken, daß ich dich sehr wohl noch liebe?

Hanna: Du kommst spät nach Hause und verkriechst dich hinter deiner Zeitung.

Erich: Es stimmt, daß ich von meiner Praxis sehr in Anspruch genommen werde und nicht mehr besonders gesprächig bin. Ich finde es dann sehr gemütlich, mit dir im Wohnzimmer zu sitzen und zu lesen.

Hanna: Du nimmst mich doch gar nicht mehr wahr!

Erich: Du würdest mir sehr fehlen, wenn ich allein zu Hause wäre. Wie kann ich dir das so zeigen, daß du es mir glaubst?

Hanna: Früher sind wir zusammen ausgegangen.

Erich: Es stimmt, daß wir lange nichts mehr zu zweit unternommen haben. Was würdest du vorschlagen, was wir als nächstes gemeinsam tun könnten?

Hanna: Du schläfst ja doch nur wieder ein in der Oper.

Erich: Das ist mir tatsächlich das letzte Mal passiert. Das lag aber nun wirklich nicht an mangelnder Liebe zu dir, sondern ich fand die Inszenierung einfach langweilig. Worauf hättest du denn jetzt Lust? Vielleicht können wir uns auf etwas einigen, was uns beide interessiert?

Hanna: Am liebsten würde ich mit dir essen gehen, damit wir endlich wieder einmal in Ruhe miteinander reden können.

Erich: Gern. Und ich garantiere dir, daß ich wach bleibe. Sollten wir gleich auch in der nächsten und übernächsten Woche je einen Abend für uns reservieren?

Hanna: Wenn du nicht wieder in der letzten Minute absagst. Dann ärgere ich mich nämlich mehr, als wenn du erst gar nichts versprochen hättest.

Erich: Ich kann verstehen, daß dich das sehr enttäuscht hat. Vielleicht sollten wir die nächsten beiden Wochen als vorläufige Planung betrachten, bei der sich der genaue Termin noch einmal verschieben kann. Wäre aber grundsätzlich ein Abend pro Woche mit dir ohne Zeitung ein Anfang?

Hanna: Ja, besonders wenn du mir auch mal zuhörst und merkst, wenn ich etwas Neues anhabe.

Erich: Sag mir sicherheitshalber Bescheid, falls ich doch wieder zuviel über Patienten rede. Und du weißt, daß ich ein Modemuffel bin und dich in jeder Verpackung oder auch ohne hübsch finde.

Hanna: Dann sag es doch auch, ohne daß ich dich dazu auffordere.

Erich: Ich nehme dich noch lieber in den Arm, ohne gleich hören zu müssen, daß du Kopfschmerzen hast oder ich auf deine Frisur aufpassen soll.

Hanna: Können wir darüber bei unserem Abendessen sprechen?

Erich: Abgemacht.

Sicher lassen sich Beziehungen nicht durch solche Dialoge darstellen oder gar retten. Es ging nur darum, etwas Grundsätzliches zu illustrieren. Geben Sie sich nicht mit pauschalen Verurteilungen Ihrer Person, Ehe, Arbeit oder was auch immer zufrieden. Fragen Sie, was Sie tun sollen, um die kritisierende Person zufriedenzustellen. Darüber hinaus ist das Kitten einer Ehe oder das Zurückgewinnen eines untreuen oder entfremdeten Partners kein ideales Ziel Ihrer Selbstbehandlung, da es nicht ausschließlich in Ihrer Macht steht, es zu erreichen. Die Kontrolle haben Sie nur über sich selbst, über Ihren Umgang mit einer solchen Krise, sowohl im Handeln als auch im Denken. Nehmen Sie sich also zunächst vor, im Gespräch Ihr Gegenüber wirklich zu verstehen und herauszufinden, welches **Verhalten Ihrerseits** weiterführen könnte. Die zweite Etappe besteht dann im Erfüllen der Anforderungen, soweit sie Ihnen berechtigt erscheinen und Sie das schrittweise zumindest annäherungsweise leisten können. Falls das alles nichts hilft, können Sie Liebe natürlich nicht erzwingen. Dann bleibt Ihnen als letztes Ziel in diesem Zusammenhang, Ihr Denken darüber zu verändern. Denn es sind nicht die Tatsachen selbst, die uns depressiv (statt angemessen traurig) machen, sondern unsere Einstellung zu ihnen. Dazu später mehr.

Auch Glück ist ein ungeeignetes Ziel Ihrer Selbstbehandlung, nicht weil es nicht erstrebenswert wäre, sondern weil der Begriff zu vage ist. Damit Sie Ihre Fortschritte beurteilen können, müssen sie meßbar sein. Sie könnten sich also durchaus vornehmen, daß Ihr Stimmungsbarometer (Teil II, Kapitel 1) nach einer bestimmten Zeit an vier oder mehr Tagen pro Woche Werte zeigen soll, die mindestens im mittleren Bereich liegen. Das wäre beispielsweise sinnvoll, wenn Ihre Antwort auf die Frage: „Was stört mich im Augenblick am meisten?" „Meine gedrückte Stimmung" lautet.

Nehmen wir jetzt das Antwortbeispiel „Einen (anderen) Arbeitsplatz finden" auf die Frage „Was möchte ich als erstes ändern?" Ob Sie eine bestimmte Stelle in einer bestimmten Stadt finden, hängt wiederum nicht nur von Ihnen ab. Sie können sich aber vornehmen, regelmäßig Stellenanzeigen zu lesen, sich zu bewerben und Angebote des Arbeitsamtes wie beispielsweise ein Vorstellungstraining oder eine Umschulungsberatung wahrzunehmen.

Wenn Gereiztheit ein besonders störendes Symptom Ihrer Depression ist und Sie in erster Linie nicht mehr Ihre Kinder anschreien wollen, ist wiederum ein Stufenplan hilfreich. Analysieren Sie zunächst gemäß dem im vorangegangenen Kapitel vorgestellten Schema, durch was Ihre Unbeherrschtheit ausgelöst wird, was Sie dann tatsächlich tun und welche Konsequenzen sich daraus für Sie (z. B. daß Sie sich über sich selbst ärgern oder schämen) und Ihre Kinder ergeben (z. B. daß diese weinen, sich verschreckt zurückziehen, ebenfalls schreien). Versuchen Sie dann die auslösenden Situationen (Übermüdung, Hektik) zu vermeiden oder – wenn dies nicht möglich ist – anders mit ihnen umzugehen. Bitten Sie beispielsweise Ihren Mann, kurz für Sie einzuspringen, damit Sie sich zurückziehen können, bevor Sie die Beherrschung verlieren. Warnen Sie Ihre Kinder vor, daß sie bald zum Abendessen kommen und allmählich ihr Spiel beenden müssen, anstatt sofortigen Gehorsam bei überraschendem Beginn der Mahlzeit zu erwarten.

Wenn Sie etwas in der Art von „Nicht mehr allein sein" auf die zweite Frage geantwortet haben oder Ihre Depression noch schlimmer wird, wenn Sie ein Wochenende mit sich selbst verbringen, ist Teil II, Kapitel 14, für Sie besonders relevant. Ihr Aktionsplan könnte dann lauten: „Für das nächste Wochenende will ich mich mit einer oder mehreren Personen verabreden, damit mir die Decke nicht auf den Kopf fällt." Sie können sich für Montag vornehmen, sich zu überlegen, wer in Frage kommt und was Sie als gemeinsame Unternehmung vorschlagen wollen. Dienstag und Mittwoch führen Sie die

Anrufe durch oder verabreden sich mit jemanden, den Sie bei der Arbeit oder bei anderer Gelegenheit sehen, Donnerstag überprüfen Sie das Kinoprogramm, konsultieren den Veranstaltungskalender oder besorgen Karten. Freitag können Sie dann Bescheid geben, was bei Ihren Erkundigungen herausgekommen ist, Samstag eventuell noch etwas für einen kleinen Imbiß nach dem Spaziergang oder Ausstellungsbesuch bzw. vor dem Konzert einkaufen. So stehen Sie schon während der Woche in Kontakt mit Kollegen, Bekannten, Verwandten, Nachbarn oder Freunden und können außerdem die Vorfreude genießen.

Gehen wir nun den zweiten Ansatz in größerem Detail durch, damit Sie ihn selbst anwenden können: Wenn Ihnen eine gute Fee drei Wünsche erfüllen wollte, welche würden Sie äußern? Jetzt dürfen Sie in Phantasien schwelgen ohne Rücksicht auf die – derzeitige – Realität. Überlegen Sie anschließend, was passieren müßte, damit der Zauber wirkt. Fehlt es Ihnen an besonderem Können, sicherem Auftreten, Energie? Ergeben sich bei der Verwirklichung Ihrer Träume Konflikte mit anderen Menschen (möchte beispielsweise Ihr Mann nicht, daß sie arbeiten gehen) oder anderen Zielen (Sie wollen Karriere machen, aber auch Zeit für Ihre Kinder haben; Künstler sein, aber nicht am Hungertuch nagen; selbständig sein, aber nicht die Sicherheit Ihrer derzeitigen Stelle aufgeben)? Zur Lösung solcher Probleme gibt es geeignete Strategien, die Sie lernen können. Beginnen Sie damit, sich in eine kreative Stimmung zu versetzen oder auf Zustände aufmerksam zu werden, in denen Ihr Denken nicht nur in den gewohnten Bahnen verläuft. Kreativ sind Sie gerade in den Situationen, in denen Sie nicht hochkonzentriert eine bewährte Methode anwenden, sondern Ihren Gedanken freien Lauf lassen. Das kommt bei vielen Menschen vor, wenn sie zwar nicht mehr schlafen, aber auch noch nicht richtig wach sind, oder aber, wenn sie gerade im Begriff sind einzuschlafen. Es gab – und vielleicht gibt es sie auch noch – beleuchtbare Notizblocks, um die neuen Ideen festzuhalten. Sie können aber auch im Dunkeln Ihre Einfälle in großer Schrift auf Schmierpapier kritzeln und mit Hilfe dieser Gedächtnisstütze am nächsten Morgen erraten, was Ihnen am Abend vorher Wichtiges eingefallen ist.

Vielleicht sind Sie aber auch im Hellen kreativ, auf Spaziergängen, beim Joggen, Schwimmen oder dergleichen. Allen Beispielen ist die Entspannung gemeinsam. Wenn Sie nicht längst Yoga betreiben oder mit meditativer oder anderer Musik Entspannung finden, lesen Sie Teil II, Kapitel 5 zu diesem Thema. Versuchen Sie nicht, Ihre Kreativität durch Alkohol oder andere Drogen zu steigern, auch wenn sich manche Dichter, Schriftsteller und bildende Künstler auf diese Weise zum Nutzen der Leser und Betrachter ihrer Werke zugrunde gerichtet haben. Es reicht, daß Sie depressiv sind. Hier geht es um Schadensbegrenzung und -behebung und nicht um den untauglichen Versuch, den Teufel mit dem Beelzebub auszutreiben.

Lassen Sie dann in dieser gelockerten Verfassung – ohne Zensur – alle noch so verrückt erscheinenden Einfälle zu. Angeln Sie nicht nach einzelnen vielversprechenden Ideen. Nehmen Sie ein riesiges, engmaschiges Netz, das bis zum Rand Ihres Bewußtseins reicht und in dem auch kleine Fische hängenbleiben. Schreiben Sie schnell alles auf, so ungeordnet, wie es Ihnen in den Sinn kommt, und mit viel Platz außen herum für Gedanken, die sich daran anschließen. Damit verhindern Sie, daß Sie gerade die weniger gängigen und deshalb um so interessanteren Ansätze wieder vergessen. Außerdem sind Sie offener für weitere Einfälle, wenn Sie sich nicht die schon wahrgenommenen zu merken versuchen.

Derart kreative Prozesse haben mit Träumen gemein, daß wir nicht logisch denken, sondern eher assoziativ. Wenn Sie sich daran erinnern, was Sie im Schlaf erlebt haben, werden Sie sich oft darüber wundern, daß für den kritischen Verstand völlig Unverbundenes nebeneinander auftaucht. So wird es Ihnen auch gehen, wenn Sie verdutzt beobachten, wie Ihre Gedanken durcheinanderpurzeln. Seien Sie zufrieden, solange das so ist, und greifen Sie keinesfalls schon zu diesem Zeitpunkt regulierend ein.

In einem zweiten Schritt bewerten Sie dann Ihre Ideen – wie in Teil II, Kapitel 6 genauer beschrieben – danach, wie sehr Sie sich ihre Verwirklichung wünschen, und nach der jeweiligen Realisierbarkeit. Als drittes sortieren Sie die Einfälle aus, denen Sie im Schnitt die schlechteren Noten erteilt haben. Bei denen, die zum Schluß noch im Rennen sind, kümmern Sie sich dann um eine Realisierung, und sei es nur im Ansatz und mit zunächst erheblichen Kompromissen.

Ein Mittelding zwischen gegenwartsnaher, problemorientierter Detailplanung und Brainstorming zum Schaffen von Traumlösungen ist die Frage an Sie selbst: Wie soll Ihr Leben in einem Jahr aussehen? Sie können die Antwort in einem Brief mit Datum von heute in zwölf Monaten formulieren. Berichten Sie einer vertrauten Person, wie Sie aus der Depression gefunden haben und was Sie an Ihrem jetzigen Leben genießen. Wenn Sie sich motivieren wollen, wirklich an sich zu arbeiten, können Sie noch einen zweiten Brief schreiben, in dem Sie schildern, wie schrecklich es Ihnen geht, weil Sie sich immer mehr zurückgezogen, Beruf und Familie weiter vernachlässigt haben oder was immer Ihre besonderen Probleme sind.

Falls Sie das zu sehr belastet, können Sie sich auch auf das Gute konzentrieren, ohne Ihre Zuflucht zu frei Erfundenem zu nehmen. Überlegen Sie, ob sich schon irgend etwas zum Guten gewendet hat, seit Sie den Entschluß gefaßt haben, etwas gegen Ihre Depression zu tun. Sie kennen doch wahrscheinlich dieses merkwürdige Phänomen, daß es manchmal genügt, zum Arzt zu gehen, um die Schmerzen verfliegen zu lassen. Bisher haben Sie sich vielleicht darüber geärgert, nicht vorführen zu können, was Sie quält. Sie können aber auch Nutzen daraus ziehen. Denn selbst die kleinste Bewegung in die richtige Richtung ist es wert, aufgegriffen und weiterverfolgt zu werden.

Kapitel 3
Wer in Ihrer Familie oder Ihrem Freundeskreis könnte Sie bei Ihrer Selbstbehandlung unterstützen?

Gerade jetzt, wo Sie wegen Ihrer Depression Hilfe besonders brauchen, fällt es Ihnen – wiederum wegen Ihrer Depression – besonders schwer, darum zu bitten. Vielleicht meinen Sie, es nicht wert zu sein, daß man sich um Sie bemüht. So zeigt sich Ihr geringes Selbstwertgefühl, das vielleicht zur Depression beigetragen hat und sicher durch sie noch verstärkt wird. Vielleicht haben Sie in Ihrer Kindheit mit Ihren Eltern oder später schlechte Erfahrungen mit Menschen gemacht, auf deren Hilfe Sie angewiesen waren. Auch das kann das Selbstwertgefühl schwächen und für Depressionen anfällig machen. Dennoch sollten Sie jetzt überlegen, ob es nicht doch jemanden gibt, der Ihnen nahe steht und den Sie um Unterstützung bitten könnten.

Schreiben Sie zunächst alle Personen auf, die Ihnen in diesem Zusammenhang einfallen, auch wenn Sie sich nicht gleich vorstellen können, sie um Hilfe anzugehen. Ergänzen Sie die Liste, wenn Sie sich später an Menschen erinnern, die Sie ebenfalls in Betracht ziehen könnten. Beantworten Sie dann für jeden dieser Menschen die folgenden Fragen aus Schmidt & Treasure (siehe Anhang) mit 1 (X ist in dieser Hinsicht völlig ungeeignet) bis 10 (X ist in dieser Hinsicht ideal).

Wie gut können Sie mit X über Ihre Probleme sprechen?
Kritisiert X Sie leicht wegen Ihrer Probleme?
Belasten X Ihre Probleme sehr?
Könnten Sie sich X sogar anvertrauen, wenn Sie keine Fortschritte gemacht haben?
Können Sie X vertrauen, immer da zu sein, wenn Sie jemanden brauchen, ohne daß sich daraus für Sie Verpflichtungen ergeben?
Wie wird X reagieren, wenn Ihre Probleme gelöst sind?
Wie häufig stehen Sie mit X in Kontakt?

Ihr Helfer muß genügend Zeit für Sie haben, verläßlich sein und Ihren Problemen gegenüber geduldig und gelassen bleiben. Überlegen

Sie, ob das auf die Person(en) mit der höchsten Punktzahl wirklich zutrifft. Wenn das so ist, planen Sie, wann und wie Sie um Hilfe bitten wollen. Wählen Sie den Zeitpunkt so, daß X Ihnen zuhören kann. Vermeiden Sie, ein so wichtiges Thema zwischen Tür und Angel anzusprechen. Rufen Sie nicht an, kurz bevor X morgens das Haus verlassen muß, oder Samstag abends, wenn X Gäste hat. Fragen Sie, ob Sie stören und lieber zu einem späteren Zeitpunkt anrufen sollen. Oder schreiben Sie X einen kurzen Brief. Bitten Sie X, nicht sofort eine Entscheidung zu treffen, sondern sie zu überschlafen. Sagen Sie ausdrücklich, daß Sie wissen, um wieviel Sie bitten und daß Sie lieber eine ehrliche Absage hören als ein Hilfsangebot, das die Möglichkeiten von X übersteigt und Ihnen beiden ein schlechtes Gewissen verursacht: Ihnen selbst, weil Sie sich als Belastung fühlen, X, weil das Versprechen nicht gehalten wird.

Wenn Sie wirklich eine Absage erhalten, nehmen Sie es bitte nicht als Zurückweisung. Seien Sie froh, daß X „Nein" sagen kann. Um so unbefangener dürfen Sie bei anderer Gelegenheit um einen anderen Gefallen bitten. Denken Sie nicht, Freunde müßten jederzeit zu solcher Hilfe bereit sein. Wären Sie es im Augenblick? Wahrscheinlich stellen auch andere Ansprüche an diese allgemein hilfsbereite Person. Außerdem taugt nicht jeder Mensch zum Laientherapeuten, Beichtvater oder Kummerkasten. Vielleicht haben Sie mehr Glück bei einer Freundin, die Ihnen zwar nicht so nahe steht, die aber die Gabe des Zuhörens besitzt, belastbar ist und genügend Zeit hat.

Eine andere Möglichkeit besteht darin, jemanden zu finden, der Ihr Problem aus eigenem Erleben kennt, sehr froh ist, es überwunden zu haben und gern einem Leidensgenossen zur Seite steht und sich dabei noch einmal dankbar klar macht, wie gut es ihm wieder geht und was er zur Vermeidung eines Rückfalls tun sollte. Es sollte Ihnen auch Hoffnung geben, jemanden zu kennen, der eine Depression überwunden hat und vielleicht daran zu jenem Mitgefühl gereift ist, von dem Sie jetzt profitieren.

Nach diesem Prinzip – erleben, daß man nicht der einzige Mensch mit diesem Problem ist, Hoffnung schöpfen, daß es besser werden kann, Anteilnahme – funktionieren auch Selbsthilfegruppen. Sie haben wahrscheinlich von den Anonymen Alkoholikern gehört. Es gibt aber auch viele andere Selbsthilfegruppen, z. B. Emotions Anonymus (EA), und in größeren Städten Einrichtungen, bei denen man sich über sie informieren kann (siehe Anhang).

Kapitel 4
Bin ich auf dem richtigen Weg?

Viele Depressive leiden an Einschlaf-Störungen. Wenn es Ihnen – im Augenblick – auch so geht, sollten Sie nicht ungeduldig Schäfchen zählen, sondern ganz in Ruhe den Tag an sich vorüberziehen lassen. Falls Sie doch darüber einschlafen, um so besser. Dann können Sie morgen mit dem Tagesrückblick schon beim Zähneputzen oder Auskleiden beginnen. Falls Sie nicht darüber einschlafen, haben Sie die Zeit sinnvoll genutzt, anstatt auf den Schlaf zu warten, was ihn erst recht vertreibt.

Vergessen Sie bei Ihrer Rückschau auch Kleinigkeiten nicht. Haben Sie beim Aufstehen einen schönen Morgenhimmel oder geheimnisvollen Frühnebel gesehen, auf dem Weg zur Arbeit das erste Grün an den Bäumen, ein Blumenbeet, Herbstlaub, Schnee, ein fröhliches Kind, eine hübsche Frau, einen attraktiven Mann, jemanden, der gelächelt hat, etwas Merkwürdiges oder Lustiges? – Der Himmel war grau und es hat geregnet? – Haben Sie auf das Geräusch der Tropfen auf Ihrem Schirm oder an den Fensterscheiben geachtet? – Keine Zeit, zu banal? – Eine halbe Minute für eine hübsche Kleinigkeit können Sie sich gönnen, wenn Ihnen Ihr Leben freudlos erscheint. Dichter haben solche Alltäglichkeiten durchaus zu würdigen gewußt. Sie müssen ja nicht reimen, um hinzuhören und hinzusehen.

Hat es aus einer Bäckerei nach frischem Brot geduftet? Hat bei der Arbeit irgend jemand etwas Freundliches zu Ihnen gesagt, ein Kompliment für Ihr Halstuch, ein Lob oder Dankeschön für Ihre Arbeit? Denken Sie nicht, es war nur Schmeichelei, nur ein Trick, Sie noch mehr auszubeuten. Warum sollte sich jemand die Mühe machen, Ihnen zu schmeicheln, es sei denn, er hätte irgendein Interesse an Ihnen. Wenn es sich lohnt, Sie zu noch größerem Einsatz anzuspornen, kann Ihre Arbeit so schlecht nicht sein. Zumindest erinnert man sich, daß Sie – vor Ihrer Depression – einmal ein tüchtiger Kollege waren, oder traut Ihnen mehr zu als Sie sich selbst. – Sie können es nicht ausstehen, wie sich jemand mit freundlichen Worten bei Ihnen anbiedert? – Gegenfrage: Achten Sie nur Menschen, von denen Sie sich abgelehnt fühlen?

Niemand konnte Ihnen auf der Arbeit ein Kompliment machen, weil Sie nicht berufstätig sind? – Dann haben Sie vielleicht etwas Interessantes im Radio gehört oder Musik, die Ihnen gefiel?

Hat Ihnen jemand geschrieben oder Sie angerufen? – Nur Rechnungen und Werbung lagen im Briefkasten, und ein Freund ist Ihnen auf die Nerven gegangen, weil er nicht zuhören kann und auch nicht merkt, wenn man das Gespräch zu beenden versucht. – Wann haben Sie sich das letzte Mal zu einem schriftlichen Gruß aufgerafft? Er muß weder originell noch lang sein, nur ein Zeichen, daß Sie Kontakt halten wollen (und selbst gern Post bekommen). Gegen Telefonterror können Sie sich mit einem inzwischen nicht mehr teuren Anrufbeantworter wehren und außerdem vielleicht dazu aufraffen, die Nummer eines angenehmeren Gesprächspartners zu wählen. – Der ist nie zu Hause oder es ist immer besetzt. – Wie wäre es mit der Wiederholtaste oder einer anderen Freundin oder Bekannten? Die würde sich über Ihren Anruf ebenso freuen wie Sie sich über ihren und traut sich nur nicht, Sie anzurufen, weil Sie nie die Initiative ergreifen.

Haben Sie heute irgend etwas erledigt? Nur Kleinigkeiten? – Das ist mehr als nichts. – Aber weniger, als Sie sich vorgenommen hatten? – Dann müssen Sie überlegen, ob Sie zuviel von sich verlangen (siehe auch Teil II, Kapitel 7und 8). Sie sind nicht nur mit der Menge, sondern auch mit der Qualität Ihrer Arbeit nicht zufrieden? Vielleicht können Sie sich im Augenblick wegen Ihrer Depression wirklich nicht optimal konzentrieren. Vielleicht sind Sie aber auch perfektionistisch und deshalb häufig niedergeschlagen? Lesen Sie auch dazu Kapitel 8.

Hat irgend etwas heute gut geschmeckt oder lecker gerochen oder sah zumindest appetitlich aus? Gehen Sie in Ruhe alle Mahlzeiten durch. Sie müssen nicht in einem Gourmet-Restaurant gespeist haben. Vielleicht mochten Sie die neue Brotsorte, noch dazu ganz frisch, die selbstgemachte Marmelade, die Ihre Schwiegermutter kürzlich mitbrachte? Sie können sich gar nicht erinnern, was Sie gegessen haben, weil Sie während der Arbeit irgend etwas gegen den schlimmsten Hunger in sich hineingestopft haben und beim Abendbrot vor Erschöpfung so gereizt waren, daß es wieder einmal Streit gab. Und das Frühstück fiel ganz aus, weil Sie nicht rechtzeitig aus dem Bett kamen oder nach dem schweren Essen am Vorabend etwas für Ihre schlanke Linie tun wollten? Zur Bedeutung von ausreichend Pausen – auch zum Erzielen der besten Arbeitsergebnisse – siehe Teil II, Kapitel 7 und 8. Tips zur gesunden Ernährung, die Spaß macht, finden Sie in Teil II, Kapitel 18.

Was haben Sie am Abend getan? – Am Schreibtisch gesessen bis zur totalen Erschöpfung, sich geärgert, daß Sie so langsam waren und immer mehr Flüchtigkeitsfehler gemacht haben. Vorgestern war es auch schon so, und dann konnten Sie nicht einschlafen. – Nicht nur im Laufe des Arbeitstages, auch am Abend sollten sie sich Zeit zum Entspannen gönnen (siehe auch Teil II, Kapitel 15). – Sie haben den ganzen Abend ferngesehen und erinnern sich an nichts? – Vielleicht lag es weder an Gedächtnisschwund noch Konzentrationsstörungen, sondern das Programm entsprach wirklich nicht Ihren Interessen. – Sie waren aber zu abgekämpft, um irgend etwas anderes zu tun und hätten so früh noch nicht einschlafen können. – Wie wäre es morgen mit einem kleinen Spaziergang, wirklich kein Hochleistungssport? Je nachdem, ob Sie endlich einmal Ruhe von allem und allen haben wollen, allein oder mit einem Menschen, den Sie mögen. Vielleicht können Sie dann mit Ihrem Mann ohne Ablenkungen und Unterbrechungen das eine oder andere durchsprechen. – Er geht nicht spazieren, und allein langweilen Sie sich? – Wann haben Sie es das letzte Mal ausprobiert? Zur Not können Sie ja einen Walkman aufsetzen und Musik, ein vorgelesenes Buch oder Nachrichten hören oder eine Fremdsprache lernen. Dann gilt auch nicht, daß Sie selbst für kurze Spaziergänge keine Zeit hätten. Aber auch „nur" ein bißchen frische Luft zu schnappen zur Entspannung ist keine Zeitverschwendung (siehe auch Teil II, Kapitel 5 und 17).

Sie haben zwar vieles erledigt heute, sind sogar mit Freunden essen gegangen, aber nichts hat Ihnen Spaß gemacht. Das ist natürlich bedauerlich und soll auch nicht so bleiben. Sie tun sich aber keinen Gefallen, wenn Sie auf dem Weg aus der Depression zu ungeduldig sind. Falls Sie wenigstens (wieder) fähig sind, Ihren Alltag zu bewältigen, ist das schon ermutigend. Haben Sie sich vielleicht deshalb nicht gefreut, weil Sie erschöpft oder nie mit sich selbst zufrieden sind? Mehr dazu in Teil II, Kapitel 7 und 8.

Sie haben sich zwar (wieder) über etwas freuen können, aber wirklich nicht genug geschafft. – Weil Ihre Ziele zu hoch gesteckt sind, Sie sich die Zeit nicht gut eingeteilt haben oder weil Sie durch Ihre

Depression tatsächlich (noch) in Ihrer Leistungsfähigkeit eingeschränkt sind? Können Sie denn eine noch so geringe Verbesserung gegenüber gestern, letzter Woche, vor einem Monat entdecken? So lange es bergauf geht, und sei es noch so langsam, sollten Sie nicht den Mut verlieren, sondern sich – so schwer es auch fällt – in Geduld üben.

Sie sind noch nicht ganz eingeschlafen? Dann können Sie sich in Gedanken auf morgen vorbereiten. – Nur das nicht! Morgen wird entsetzlich. – Ist das nur so ein vages Gefühl, oder haben Sie sich vor dem Zubettgehen noch einmal Ihren überfüllten Terminkalender angeschaut? – Ein unangenehmes Gespräch mit einem Mitarbeiter, eine langweilige Sitzung und eine wichtige Sache, die unbedingt morgen fertig werden muß. – Was ist das Wichtigste? Worauf sollten Sie Ihre Energie konzentrieren? Wenn die Sitzung wirklich so langweilig ist, können Sie sich vielleicht etwas von der Konzentrationsleistung unter Zeitdruck erholen. – Diese Sorgen möchten Sie haben. Ihr Alltag besteht nur aus zermürbender Routine. – Das muß nicht so bleiben. Vielleicht haben Sie sich schon beim Lesen von Teil II, Kapitel 2 das Ziel gesetzt, in spätestens einem Jahr endlich wieder – und sei es auch nur für wenige Stunden pro Tag – berufstätig zu sein oder eine ehrenamtliche Tätigkeit aufzunehmen, die neue Kontakte bietet und verhindert, daß Sie zu Hause versauern. Mit demselben Ziel können Sie auch an einem Volkshochschulkurs oder ähnlichem teilnehmen. – Keine Zeit? – Überlegen Sie anhand von Teil II, Kapitel 7, wie Sie sich Zeit schaffen können.

Setzen Sie sich jedenfalls realistische Ziele für den nächsten Tag. Sie können nur in kleinen Schritten Ihren Lebensstil ändern, nur allmählich „Nein" sagen lernen und dadurch Zeit und Kraft gewinnen für das, was Sie für wirklich wichtig halten und dies so durchführen, daß es angemessenen Ansprüchen Stand hält. Wenn morgen der Berg von Unerledigtem wenigstens nicht anwächst, Sie entsprechend den Prioritäten, die Sie heute abend setzen, so viel tun, wie Sie können und sich etwas Entspannung und eine klitzekleine Freude gönnen, ist das vorerst genug. Gute Nacht.

Kapitel 5
Lernen Sie, sich zu entspannen

Sie fragen sich vielleicht, warum Sie sich überhaupt entspannen sollen, obwohl Sie doch ohnehin schon so abgeschlafft sind. Sie wollen doch endlich wieder aktiv werden und nicht noch mehr herumhängen. Es geht auch nicht darum, vor dem Fernsehgerät zu dösen, untätig und mit sich selbst unzufrieden im Bett liegen zu bleiben oder einfach im Sessel zu sitzen. Das Ziel ist nicht Passivität, sondern Abbau der körperlichen, geistigen und seelischen Anspannung, die auf unproduktive Weise Energie verbraucht, die Ihnen dann zu gelassener Aktivität fehlt.

Die Fähigkeit loszulassen wird Ihnen beim Einschlafen helfen, beim Umgang mit Ihren Befürchtungen und Sorgen, bei innerer und äußerer Unruhe, aber auch, wenn es darauf ankommt, der Phantasie freien Lauf zu lassen, um neue Lösungsmöglichkeiten für Ihre Probleme, eine andere Einstellung zu sich selbst und der Welt und neue Denkansätze zu finden. Durch Entspannung Ihrer Muskulatur können Sie Ihre Schmerzen lindern, beispielsweise im besonders häufig betroffenen Schulter- und Nackenbereich, die in Arm und Hand ausstrahlen und zu Spannungskopfschmerz führen können. Wenn es Ihnen gelingt, Ihre Rückenmuskulatur zu lockern, lindert dies wahrscheinlich Beschwerden, die von der Lendenwirbelgegend in Ihr Gesäß, Ihr Bein und bis zum Fuß ausstrahlen.

Es gibt viele Methoden, sich zu entspannen, die Sie allein oder in einer Gruppe, aus Büchern, mit Tonträgern, von einer Krankengymnastin, einem Arzt oder Angehörigen anderer Heilberufe lernen können (siehe Anhang). Wichtig ist, daß Ihnen sowohl die Technik als auch ihre Vermittlung zusagt. Dieses Kapitel gibt nur einen kurzen Überblick über die verschiedenen Ansätze und eine kleine Einführung. Weiterführende Literatur finden Sie im Anhang.

Generell erleichtern Sie sich das Entspannen, wenn Sie sich an einen ruhigen, angenehm temperierten Ort ohne grelles Kunstlicht zurückziehen, wo Sie sich auf eine Decke, Matte oder einen Teppich legen oder in der Lotusstellung setzen können, locker sitzende Kleidung tragen und Schmuck, Uhr und Brille ablegen. Zumindest bei Yoga ist es auch günstig, wenn Sie in den vorangegangenen eineinhalb Stunden keine Mahlzeit zu sich genommen haben. Das Autogene Training können Sie auch im Sitzen durchführen. Dazu (siehe weiter unten) nehmen Sie am besten in einem Lehnstuhl Platz, lehnen Kopf und Rücken an und legen Ihre Unterarme bequem auf. Nur wenn dies nicht möglich ist, sollten Sie sich hinlegen. Falls auch dazu keine Möglichkeit besteht, setzen Sie sich gerade und ohne Berührung einer Lehne auf eine Bank, einen Hocker oder vorn auf einen Stuhl und lassen sich in sich zusammensacken und die Arme seitlich hängen. Dabei wird Ihr Rücken krumm, und der Kopf hängt nach vorn, ohne daß Sie den Oberkörper nach vorn neigen. Legen Sie dann mit leichtem Schwung die Unterarme nahe dem Ellbogen auf die weit gespreizten Oberschenkel. Für diese Position (Droschkenkutscherhaltung) müssen Sie keinen Muskel anspannen.

Wie bereits erwähnt, bilden Leib und Seele eine Einheit, so daß sich die körperliche Entspannung auf die Psyche ebenso auswirkt wie Meditation auf Atmung, Herzschlag und Muskulatur. Progressive Muskelrelaxation setzt beim Körper an, um die ganze Person zu entspannen. Legen Sie sich hin oder lehnen Sie sich im Sitzen zurück und schließen Sie die Augen. Entspannen Sie nach und nach von Kopf bis Fuß (oder in umgekehrter Richtung) alle Muskelgruppen. Das ist am einfachsten, wenn Sie zunächst die Muskeln für ein paar Sekunden verstärkt anspannen und dann loslassen. Wenn Sie erst die Zähne kurz zusammenbeißen und dann den Unterkiefer fallen lassen, beginnen Sie wahrscheinlich zu gähnen. Das ist ein gutes Zeichen dafür, daß Sie sich schon zu entspannen beginnen. In anderen Bereichen werden sich die Erfolge vielleicht nicht so schnell und offensichtlich einstellen. Deshalb wird empfohlen, zweimal täglich zu üben. In ein paar Wochen oder Monaten werden Sie so viel Routine entwickeln, daß Sie sich in kürzester Zeit voll entspannen können.

Yoga kann zu Entspannung, größerem körperlichem und seelischem Gleichgewicht, mehr Gelenkigkeit, dem Trainieren sonst wenig gebrauchter Muskeln und einer besseren Körperhaltung verhelfen. Es steht in Ihrem Ermessen, ob Sie es dabei belassen oder auch meditieren wollen. Sie müssen keineswegs das gesamte Programm, das in Büchern oder Kursen angeboten wird, in Ihre Tagesroutine einbeziehen. Manche Menschen beschränken sich auf die Atemübungen. Selbst wenn Sie sich ohne jeden weiter reichenden Anspruch ganz auf Ihr Aufnehmen und Abgeben der Luft konzentrieren, lenkt das schon von Schmerz und Sorgen ab und beruhigt Sie etwas. Achten Sie darauf, daß sich nicht nur Ihr Brustkorb hebt und senkt, sondern auch der Bauch einbezogen wird. Um ein Gefühl dafür zu entwickeln, plazieren Sie am besten beide Hände direkt unterhalb des untersten Rippenbogens und verfolgen das Vorwölben beim Ein- und das Zurückweichen beim Ausatmen.

Bei der tiefen Yoga-Atmung im Lotussitz oder im Stehen mit im leichten Abstand parallel aufgestellten Füßen beginnen Sie das Aufnehmen der Luft durch die Nase mit etwa fünf Sekunden Bauch-, gefolgt von zirka fünf Sekunden Brustatmung, bei der Sie lediglich darauf achten, wie sich Ihr Brustkorb weitet. Danach saugen Sie noch mehr Luft in Ihre Lungen, indem Sie wiederum für etwa fünf Sekunden langsam die Schultern und im Stehen auch die seitlich ausgestreckten Arme mit nach oben gewendeten Handflächen über die Waagerechte hinaus heben. Dann halten Sie in dieser Stellung zehn Sekunden lang die Luft an, die Sie anschließend fünfzehn Sekunden lang sachte aus sich hinausströmen lassen, während sich Arme und Brustkorb langsam wieder senken und schließlich Ihre Bauchdecke vom sich hebenden Zwerchfell eingezogen wird. Mit fünf bis zehn dieser Atemzyklen werden Sie sicher ein wenig zur Ruhe kommen.

Eine andere Yoga-Atemübung können Sie auch im Liegen durchführen. Legen Sie den Mittelfinger der rechten Hand auf die Nasenwurzel zwischen Ihren Augenbrauen, und halten Sie sich mit dem Daumen derselben Hand das rechte Nasenloch zu. Atmen Sie zunächst durch das linke Nasenloch acht Sekunden lang aus, dann ebenso lang ein. Halten Sie dann für weitere acht Sekunden mit dem rechten Ringfinger auch das linke Nasenloch zu und den Atem an. Öffnen Sie dann das rechte und atmen für acht Sekunden aus und ebenso lange wieder ein. Dann schließen Sie wieder für acht Sekunden beide Nasenlöcher und halten den Atem an. Schließlich lassen Sie die Luft wieder für acht Sekunden aus dem linken Nasenloch strömen und beginnen den Kreislauf noch vier Male von vorn. Gerade wenn Sie dabei die Augen schließen, werden Sie durch diese einfache Übung zur Ruhe kommen, auch mitten in der Nacht bei Schlaflosigkeit oder im Krankenbett, wenn Sie manches andere nicht durchführen können.

Ilse Middendorf hat den Atem in den Mittelpunkt ihrer weit über

Entspannung hinausgehenden therapeutischen Arbeit gestellt. Ihr undatiertes, nur telefonisch zu bestellendes Buch (siehe Anhang) ist eine knappe Einführung für Laien.

Zur ursprünglich von dem Österreicher Rudolf Steiner (1861–1925) entwickelten und noch heute praktizierten anthroposophischen Medizin gehören auch Atem- und andere Entspannungsmethoden, die unter dem Begriff Eurythmie zusammengefaßt werden. Vielleicht sagt Ihnen die folgende, ganz einfache Übung zu. Stellen Sie sich zunächst vor, es sei Nacht. Malen Sie sich dann die Dämmerung aus, und wie es langsam immer heller wird. Strecken Sie dabei die Arme und Finger so weit aus, wie Sie können – sowohl über Ihrem Kopf als auch zur Seite. Gehen Sie auf die Zehenspitzen, während Sie sich nach oben recken. Lassen Sie es dann langsam wieder Nacht werden, und rollen Sie Ihren Körper zu einer Kugel zusammen mit gebeugten Armen und Beinen und krummem Rücken. Stellen Sie sich dann wieder vor, wie es erneut Tag wird und Sie sich in alle Richtungen dehnen. Wiederholen Sie den Zyklus fünf bis sechs Mal.

Autogenes Training oder konzentrierte Selbstentspannung beginnt – ähnlich wie Hypnose – mit (Selbst-)Suggestion, um auch den Körper zu beeinflussen. J. H. Schultz, der diese Technik entwickelt und beschrieben hat, war zumindest 1961 noch der Meinung, sie sollte nicht ohne ärztliche Anleitung erlernt werden, und auch in der von einem Schultz-Schüler bearbeiteten, neuesten Auflage (siehe Anhang) wird diese Auffassung vertreten. Er warnt vor Beschwerden, die bei Selbsthilfeversuchen auftreten können. Es bleibt Ihnen überlassen, seine Warnung ernst zu nehmen und das Autogene Training bei einer Ärztin oder einem Arzt für Psychiatrie oder Nervenheilkunde zu lernen. Wenn Sie aber die Ansicht von Schultz und Thomas eher als Überbleibsel aus einer Zeit werten, in der Laien wenig zugetraut und auf Autoritäten gebaut wurde, dann möchten Sie vielleicht doch einen Versuch mit dem Übungsheft von Schultz oder „Bewußter leben durch autogenes Training und richtiges Atmen" von Else Müller (siehe Anhang) wagen.

Auch Imaginationen verschiedener Sinneswahrnehmungen können wohltuend wirken. Wenn Sie Ihre verhärtete Nackenmuskulatur entspannen wollen, hilft Ihnen vielleicht die bildliche Vorstellung, daß sich ein festes Drahtseil allmählich aufdröselt oder Stahlmuskeln langsam schmelzen. Der Lockerung dient auch die Vorstellung,

Sie seien eine Marionette, deren Kopf, Arme und Beine an Fäden baumeln.

Sie können sich auch jene Behandlung intensiv vorstellen, die Sie sich für einen schmerzenden Körperteil wünschen: Glauben Sie, Wärme täte Ihrer steifen Schulter gut? Legen Sie sich hin, schließen Sie die Augen, und versetzen Sie sich an einen Strand, wo Sie in den heißen Sand eingegraben oder von der Sonne bis auf die Knochen gewärmt werden. Riechen Sie das Meer und hören es rauschen? Falls Sie bei Strand nur an Sonnenbrand, Hautkrebs und Sand an Stellen, wo Sie ihn nicht mögen, denken, unternehmen Sie eine Phantasiereise in ein altes schottisches Schloß, direkt vor den großen Kamin. Wenden Sie den schmerzenden Rücken dem Feuer zu. Genießen Sie den Widerschein auf allen Gegenständen, den Duft von brennendem Holz und das Knistern und Zischen hinter Ihnen. Dann kehren Sie mit ihrer Aufmerksamkeit zum problematischen Körperteil zurück und spüren, wie Sie sich schon gelockert haben und wie der Schmerz nachläßt. Weitere Phantasiereisen finden Sie bei Schmidt und Treasure (siehe Anhang).

Wenn Sie lieber massiert werden, stellen Sie sich vor, wie Sie einfühlsam und kraftvoll durchgeknetet und gewalkt werden. Es darf aber auch ein ruhiges, heilendes Handauflegen sein. Ihrer Phantasie sind keine Grenzen gesetzt, und Sie selbst wissen am besten, was Ihnen gut tut.

Es spricht aber auch nichts dagegen – soweit möglich –, aus der Wunschvorstellung Wirklichkeit werden zu lassen. Nicht nur eingebildete, sondern auch handgreifliche Massage hilft. Sie muß auch nicht für viel Geld von einem Spezialisten durchgeführt werden. Eine Person, die Ihnen etwas Gutes tun will und von der Sie angefaßt werden mögen, kann behutsam Ihren Nacken, den Rücken, die Fußsohlen und andere Körperpartien bearbeiten. Sie müssen nur den Mut aufbringen, Rückmeldung zu geben, was Ihnen bekommt und was unangenehm ist und vermieden werden sollte.

Manche Menschen erleben sich oder die Welt um sie herum als auf unangenehme und ängstigende Weise unwirklich, wenn sie sich entspannen. Falls es Ihnen so ergehen sollte, brechen Sie die Übung einfach ab. Selbst wenn es Ihnen so vorkommt und Sie noch nie etwas so Seltsames erlebt haben, werden Sie bestimmt nicht verrückt. Es ist aber schwer vorauszusagen, ob Sie mit einer anderen Methode besser zurechtkämen oder bei einer wie auch immer eingeleiteten

Entspannung Probleme hätten. Sie entscheiden am besten selbst, ob Sie eine weitere Technik ausprobieren oder sich sicherheitshalber lieber mit ruhigen Spaziergängen begnügen und zur Not weniger lokker bleiben wollen. Ansonsten ist vielleicht noch das Anhören von New Age Musik oder Meeresrauschen (live oder vom Tonträger) am harmlosesten, wobei Sie über das Schließen oder Öffnen Ihrer Augen den Kontakt zur Realität leicht regulieren können.

Tiefere Versenkung – durch Meditation etwa – würden Sie wahrscheinlich eher als bedrohlich erleben. Bei allem, was wirkt, sind auch mögliche Nebeneffekte zu bedenken, die besonders bei zu hoher Dosierung – nicht nur von Medikamenten – auftreten. Deshalb ist es generell ratsam, mit Maß und Ziel zu meditieren, es sei denn, Sie wollen sich der äußeren Wirklichkeit mit ihren Problemen eher entziehen als sie zu bewältigen. Zeitlich begrenzte innere Sammlung dagegen kann Ihnen helfen, sich anschließend erfrischt und mit erneuerter Kraft Ihren Aufgaben und dem Leben um Sie herum zuzuwenden.

Kapitel 6
Wege aus dem Teufelskreis

Weil Sie sich schlecht fühlen, raffen Sie sich nicht mehr zu dem auf, was Ihnen Freude macht und ziehen sich von anderen Menschen zurück. Schreiben Sie auf, was Ihre Depression verschlechtert und was sie lindert. Wenn Ihnen nichts (mehr) einfällt, schauen Sie ihre Tagebücher durch. Anhand der Stimmungsbeurteilung in der rechten Spalte gewinnen Sie rasch einen Überblick. Selbst wenn Sie dort keine Zahl über fünf finden, lohnt es sich, von eins nach zwei und von dort nach drei und vier zu gelangen. Lassen sie als Ergänzung Ihrer Phantasie freien Lauf. Entspannen Sie sich am besten zunächst (Teil II, Kapitel 5), um Ihre Einfälle hervorzulocken, und streben Sie zunächst völlig unzensiert Quantität statt Qualität an. Schreiben Sie alles, was Ihnen in den Sinn kommt, stichwortartig untereinander. Erlauben Sie Ihrem kritischen Verstand erst in einem weiteren Schritt zu beurteilen, welche Vor- und Nachteile Ihre Ideen haben. Wie wünschenswert und realistisch ist die Durchführung von Aktivitäten, die Ihre Depression lindern bzw. vermeiden, sie zu verschlimmern?

Es folgt ein Beispiel, in dem nicht nur die vermutete **Wirksamkeit** gegen Niedergeschlagenheit benotet ist, sondern auch die **Machbarkeit**. Beurteilen Sie diese beiden Aspekte in gewohnter Weise auf einer Skala von 1 (ohne jeden Einfluß auf meine Stimmung/wirkungslos) bis 10 (Wundermittel gegen meine Depression/maximal wirksam) bzw. 1 (völlig unmöglich/absolut unrealistisch) bis 10 (leicht zu verwirklichen/problemlos machbar). Denn vielleicht stellen Sie sich vor, unter den Palmen am Strand der Südsee das Paradies zu finden, haben aber weder Zeit noch Geld für einen Aufenthalt dort. Es schadet nicht, an solche Wünsche zu denken. Aber dann wählen Sie unter Ihren Einfällen lieber diejenigen aus, die Sie möglichst bald und ohne allzu große Probleme umsetzen können.

Hilft gegen Depression	**Argumente für Durchführung**	**Argumente gegen Durchführung**	**Machbarkeit 1–10**	**Wirksamkeit 1–10**
Ausschlafen	billig und gesund	Geht höchstens am Wochenende und im Urlaub	4	5
Ruhe	billig und gesund	Veronika möchte was unternehmen	6	6
Gespräch mit Freunden	hilft sofort	Gejammer nervt langsam einige	6	10
wirklich guter Film	guter Gesprächsstoff	gibt's nicht immer, mir gefällt zur Zeit nur wenig	4	9
leckeres, nicht zu schweres Essen	macht auch Veronika Spaß	muß erst zubereitet werden, oder ich muß mich aufraffen auszugehen, was auf die Dauer auch ins Geld geht	10	8
Sonne	Natürliches Seelenheilmittel	scheint nicht immer, Hautkrebs	5	5
Brief von Freund(in)	selten, da ich selbst nicht schreibe	fühle mich unter Druck zu antworten	2	8
heißes Bad mit guter Musik	keine großen Vorbereitungen	keine	10	7
Schnittblumen	Erschwinglich	muß mich nur aufraffen/dran denken, sie zu kaufen	9	7
Wohlgeruch	Veronika hat mir Eau de Toilette geschenkt	muß mir morgens Zeit lassen, es zu benutzen	10	5
beruflicher Erfolg	Privatleben sollte nicht dem Beruf geopfert werden	gibt's nicht zum Nulltarif	1	10
Urlaub	bin wirklich erschöpft	muß auch lernen, Alltag erträglich zu gestalten	3	10
Krimi lesen/sehen	lenkt ab	vernachlässige Pflichten	7	9

Ähnlich wie die erste Tabelle ist auch die folgende angelegt. Vielleicht meinen Sie, daß nicht so sehr der Mangel an Erfreulichem Ihr Wohlbefinden beeinträchtigt, sondern das Übermaß an Belastungen, denen Sie gern aus dem Wege gingen. Ob das sinnvoll und möglich ist, können Sie anhand einer Tabelle wie dieser überlegen:

Verschlimmert Depression	**Argumente für Vermeidung**	**Argumente gegen Vermeidung**	**Vermeidbarkeit**	**Wirksamkeit**
Steuererklärung	hasse es wie kaum eine andere Tätigkeit	kann nicht alles auf Veronika abwälzen	1	10
Keller aufräumen	Dunkelheit, Kälte, modriger Geruch und Dreck bedrücken mich	ärgere mich, wenn ich in den Keller gehe	5	5
vom Wecker geweckt werden	Tag würde viel angenehmer beginnen	riskiere, zu spät zur Arbeit zu kommen	3	6
bei Dunkelheit aufstehen	Aufstehen bei Tageslicht viel leichter	sollte froh sein, einen Job zu haben und muß ihn behalten	8	5
Übermüdung	arbeite effektiver, bin freundlicher, vergesse nicht so viel, wenn ausgeschlafen	vieles, was mir noch ein bißchen Spaß macht, findet (spät) abends statt	5	8
Hektik, besonders morgens	so viel mehr kriegt man mit Hektik auch nicht geschafft	muß mich etwas an Tempo von Kollegen und Veronika anpassen	6	6
laute Musik	unangenehm und ungesund	Es gibt kaum noch Supermärkte und Kneipen ohne akustische Umweltverschmutzung	4	4

Verschlimmert Depression	**Argumente für Vermeidung**	**Argumente gegen Vermeidung**	**Vermeidbarkeit**	**Wirksamkeit**
Straßenlärm	Lärm ungesund und mit Abgasen verbunden	Umziehen großer Aufwand, durch ruhige Straßen zur Arbeit radeln dauert länger	2	4
Kälte	unnötiges Leiden	heizen teuer und umweltschädlich, schlecht für alte Möbel	5	3
Veronikas Erwartungen an mich	wirklich zu viel nach anstrengendem Job	Nur arbeiten und Rückzug bringt wenig Spaß, ist einseitig, Freunde werden vernachlässigt. Bin meist froh, wenn ich mich erst mal aufgerafft habe.	5	3
mäkelige Kunden	man muß sich nicht alles gefallen lassen	Irgendwie muß ich mein Geld verdienen.	3	8
beruflicher Mißerfolg	sowieso unvermeidlich	ich könnte mich gezielt da einsetzen, wo ich die besten Chancen habe, anstatt mich zu verzetteln	2	9
Anrufe meiner Mutter	erspart Streß	kränkt sie	5	5
Erkältungen	stecke andere an	ausreichend Schlaf und frische Luft kosten Zeit	3	9

Wenn Ihnen diese beiden Tabellen für das Ordnen und Bewerten Ihrer Einfälle als hilfreich erscheinen, kopieren Sie sie einige Male, denn im Laufe der Zeit ändert sich vielleicht, woran Sie Freude haben und wodurch Sie sich belastet fühlen.

Hilft gegen Depression	Argumente für Durchführung	Argumente gegen Durchführung	Machbarkeit 1–10	Wirksamkeit 1–10

Verschlimmert Depression	Argumente für Vermeidung	Argumente gegen Vermeidung	Vermeidbarkeit	Wirksamkeit

Falls Sie merken, daß Sie das Umsetzen von Vorschlägen aus diesem Buch oder andere Aktivitäten vor sich herschieben, obwohl Sie sich von ihnen Besserung erwarten, vereinbaren Sie mit sich selbst einen Termin, wann Sie einen Anfang versuchen wollen. Halten Sie sich einen begrenzten Zeitraum dafür frei. Verbuchen Sie es als Erfolg, wenn es Ihnen gelingt, pünktlich und bis zum vorher selbst festgesetzten Ende mit Papier und Bleistift an einem ruhigen Platz zu sitzen und über das selbst gestellte Thema nachzudenken. Allein sich dazu aufgeschwungen zu haben zählt. Wenn Sie außerdem tatsächlich etwas zu Papier bringen und dann sogar eine gute Idee haben oder einen Lösungsansatz finden, ist das um so besser. Gehen Sie ebenso bei der Verwirklichung Ihrer Pläne vor. Legen Sie fest, wann Sie sich die Zeit für ein Bad mit Musik oder einen Anruf bei einer Freundin nehmen wollen. Dieser Termin ist dann ebenso wichtig wie Ihre sonstigen Verabredungen. Sie sind nicht weniger wert als andere! Selbst wenn Sie die Freundin nicht erreichen, das Gespräch kurz bleibt, weil sie Besuch hat oder dergleichen, können sie zumindest befriedigt sein, es versucht zu haben. Vielleicht überlegen Sie sich auch von vornherein mehrere Personen, bei denen Sie sich wieder einmal melden wollen. Dann ist die Wahrscheinlichkeit geringer, daß die für einen Telefonschwatz reservierte Zeit kaum genutzt verstreicht.

Nichts ist erfolgreicher als Erfolg, auch in der Depressionsbekämpfung. Geben Sie sich deshalb selbst die Chance, erfolgreich zu sein. Stellen Sie sich Aufgaben, die Sie leicht bewältigen können. Planen Sie nicht eine Wanderung, sondern einen kleinen Spaziergang zur nächsten sonnigen (oder schattigen, was immer Sie lieber mögen) Parkbank. Genießen Sie die Wärme (oder Kühle). Beobachten Sie Ihre Umgebung, und seien Sie stolz darauf, dieses Vorhaben durchgeführt zu haben, auch wenn Sie es noch nicht genießen können.

Nun noch anhand von einzelnen der oben aufgetauchten Themen ein paar Anregungen, wie Sie einen realisierbaren Kompromiß zwischen Ihren Wünschen, Träumen oder Bedürfnissen auf der einen und den Sachzwängen auf der anderen Seite aushandeln können: Wenn der Spruch „Gut essen und trinken hält Leib und Seele zusammen" auf Sie zutrifft, versuchen Sie sich dementsprechend eine kleine Freude zu bereiten. Versuchen Sie aber nicht mit einem Fünf-Sterne-Koch zu konkurrieren. Wenn sie in der letzten Zeit nur belegte Brote gegessen haben, sind ein Spiegelei, Spaghetti oder ein Fertiggericht schon ein Fortschritt. Wenn Sie genau diese Ernährung über haben, können Sie Ihr Repertoire durch frische Salate, Gemüse und Obst ergänzen. Um aus dem Haus zu kommen, sich zu bewegen, Tapetenwechsel und etwas Abwechslung beim Essen zu haben, gehen Sie vielleicht auf einen Wochenmarkt, in ein anderes Lebensmittelgeschäft als gewohnt oder zum Bauern. Dann wird die Alltagspflicht Einkauf vielleicht (fast) zum Vergnügen. Falls Sie im Supermarkt entnervt Schlange stehen in der Hoffnung, dabei Geld zu sparen, rechnen Sie einfach mal durch, wie groß der Unterschied wirklich ist. Möglicherweise werden Sie zu einem ähnlichen Preis vergnüglicher und gesünder satt, wenn Sie weniger Fleisch und mehr wirklich frisches Obst, Gemüse und Molkerei- sowie vollwertige Getreideprodukte essen. Es geht mir nicht um eine radikale Ernährungsumstellung und schon gar nicht darum, diese ideologisch zu überhöhen. Aber wenn Sie ohne wesentlich größeren Aufwand gelegentlich Dinkel oder Grünkern statt immer nur geschälten Reis und Nudeln kochen können, spricht doch wenig gegen dieses kleine Experiment.

Sind Sie übergewichtig und haben deshalb Angst zuzunehmen, wenn es Ihnen besser schmeckt? Probieren Sie doch einfach aus, besser, aufmerksamer und eher etwas weniger zu essen. Vielleicht essen Sie jetzt teilweise zuviel, weil Sie die wenig schmackhafte Kost nicht befriedigt oder Sie ihr keine Beachtung schenken und deshalb nicht nur kaum merken, was Sie essen, sondern auch nicht, wieviel Sie essen. Vollwert-Produkte haben oft den Vorteil, daß sie mehr Aufwand an Kauen erfordern als ein großer Teil der üblichen deutschen Kost. So können Sie das Vergnügen des Essens verlängern, ohne mehr Kalorien zu sich zu nehmen (siehe auch Teil II, Kapitel 18).

Wenn Sie jetzt keinen Urlaub nehmen können, überlegen Sie, weshalb Sie sich von ihm eine Besserung Ihrer Depression versprechen. Ist es die Befreiung von den alltäglichen Pflichten, die Anregung durch eine neue Umgebung, oder sind es die Begegnungen mit Unbekanntem? Ließe sich ein Teil davon an einem Wochenende erreichen? Könnten Ihre Eltern, Schwiegermutter, Schwester und Schwager Ihre Kinder für zwei Tage betreuen? Wenn Sie im Haushalt, am Schreibtisch und im Garten in Ihrem gegenwärtigen Zustand ohnehin nicht vorankommen, gönnen Sie sich vielleicht lieber 48 Stunden Pause und legen dann mit teilweise erneuerten Kräften und etwas motivierter noch einmal los. Vielleicht führen schon das Wissen, daß Sie nicht alles am Wochenende aufarbeiten können und die Vorfreude auf die Unterbrechung dazu, daß Sie einiges schon vorher erledigen oder feststellen, daß es ohnehin nicht so wichtig ist.

Natürlich liegen die Strände von Barbados oder exotische Südseeinseln nicht nur wenige Autostunden entfernt. Aber kennen Sie wirklich Ihre nähere Umgebung? In großen Städten findet man schon in anderen Stadtteilen andere Welten. Auf dem Land ändert sich die Natur ständig mit den Jahreszeiten. Im deutschsprachigen Mitteleuropa kann man wohl überall an einem Wochenende genügend weit reisen, um etwas ganz anderes zu sehen als zu Hause und meist auch einen Flecken Erde, an dem man noch nie oder schon lange nicht mehr war. Vielleicht leben Sie nicht genügend nah an einem Völkerkunde- oder Übersee-Museum, um dort die Südsee-Abteilung zu besuchen. Aber irgend eine Sehenswürdigkeit sollte es in Ihrer Nähe geben, und warum schaut man sich so etwas nur im Urlaub an?

Nach Besichtigen ist Ihnen nun gar nicht zumute, Sie wollen nur noch am Strand liegen und sich erholen? – Schwimmen im Hallen- oder Freibad ist natürlich kein Ersatz für ein Bad im Meer, aber vielleicht besser als nichts. Könnte es sein, daß Sie sich nach dem hellen Licht sehnen? Sind Sie einer der in Teil I, Kapitel 4, S. 35 erwähnten Menschen mit Winterdepression? Falls Sie sich nicht schon den dort beschriebenen Lichtkasten besorgt oder gebastelt haben, könnten Sie zumindest das Zimmer, in dem Sie sich aufhalten, für mehrere Stunden täglich sehr hell ausleuchten.

Wenn es die unverbindlichen Gespräche sind, die man im Urlaub mit Zufallsbekanntschaften führt, und das Kennenlernen von Menschen, die so ganz anders sind als Ihre Freunde, Kollegen und Nachbarn, dann läßt sich vielleicht auch das in Ihrer Nähe finden. In jeder kleineren Stadt gibt es heute Restaurants, die von Ausländern geführt werden, und wo sich häufig ihre Landsleute treffen. Warum finden wir es nur im Urlaub interessant, Land und Leute kennenzulernen? Zu Hause können wir es auch und machen Menschen, die häufig ein mindestens so schweres Schicksal haben wie wir, vielleicht eine kleine Freude, wenn wir uns für sie interessieren und sie in unsere Gemeinschaft integrieren.

Falls Sie an einer sehr schweren Depression leiden, ist von Urlaub eher abzuraten. Reisen verlangen Anpassung, eine Leistung, die schwer Depressive nicht unbedingt erbringen können. Außerdem fehlt Ihnen am Urlaubsort Ihr soziales Umfeld, und Sie sind vielleicht nicht in der Lage, mühelos neue Kontakte zu knüpfen. Dies ist natürlich besonders wichtig, wenn Sie allein reisen oder mit einer Ihnen unbekannten Gruppe. Wenn Sie schwer depressiv sind, ist es unwahrscheinlich, daß Sie sich besonders amüsieren, und Sie sind enttäuscht, wenn diese allen anderen scheinbar zu Glück verhelfende Maßnahme bei Ihnen nicht wirklich greift.

Nun zu dem, was Ihre Depression verstärkt. Ähnlich wie bei den Bedingungen, von denen Sie sich eine Linderung erhoffen oder sie bereits beobachtet haben, läßt sich die Welt meist nicht genau auf Ihre Bedürfnisse abstimmen. Wenn Sie diese aber erst einmal erkannt und für sich benannt haben, lassen sich zumindest Verbesserungen erreichen. Beispielsweise können Sie unvermeidliche Pflichten in möglichst kleine Portionen teilen und sich gleich anschließend mit einer Sache aus der Positivliste belohnen. Anstatt wegen der überfälligen Steuererklärung wochenlang ein schlechtes Gewissen zu haben und dann bei der Erledigung zum allerletzten Termin kaum noch Schlaf zu finden, könnten Sie eine Zeitlang an jedem Abend, an dem Sie ohnehin zu Hause sind, eine Stunde konzentriert daran arbeiten, sich dann aber unbedingt noch Zeit für gemütliche Zeitungslektüre, das Hören schöner Musik lassen (falls Sie sich nicht ohnehin beim Ordnen der Belege mit Ihrer Lieblingsplatte bei Laune halten) oder was immer sich am Ende des Tages verwirklichen läßt.

Nach dem Aufräumen des Kellers oder ungeliebter Gartenarbeit ist das wohlige Bad vielleicht eine passende Belohnung. Möglicherweise kommt es auch nur auf die richtige Mischung an. Ein wenig Gartenarbeit, bei der Sie Ihren Gedanken nachhängen können, ist wahrscheinlich ein willkommener Ausgleich zum Stillsitzen am Schreibtisch. Körperlich erschöpft vom Unkrautjäten und Rasenmähen, sind Sie vielleicht nicht böse, sich wieder zu konzentrieren, dafür aber nur noch die Finger beim Bedienen von Tastatur und Maus oder dem Umblättern einer Seite bewegen zu müssen. Routinearbeiten im Haushalt können sehr öde sein, wenn das Leben sonst wenig bietet. Eine Tätigkeit, bei der man vor sich hin träumen, Radio oder Schallplatten hören kann oder auch die Stille oder den Gesang der Vögel vor dem Fenster genießen, mag aber auch eine wohltuende Abwechslung zur Beanspruchung durch andere Menschen oder hohe Konzentration sein. Weniges in unserem Alltag ist grundsätzlich schlecht. Aber wie bei Arzneimitteln, Salz, Gewürzen, überhaupt Essen und Trinken kommt es meist auf die Dosierung an.

Das gilt auch für das Lesen von Kriminalromanen oder was immer Sie fesselt. Natürlich ist es keine Lösung, vor den Belastungen des wirklichen Lebens ständig in diese Scheinwelt zu fliehen. Wenn Ihnen aber zeitlich begrenztes Abschalten ermöglicht, sich mit erneutem Elan den Herausforderungen Ihres Alltags zu stellen, dann könnten Sie dieses Vergnügen als notwendig zur Wiederherstellung Ihrer Arbeitskraft augenzwinkernd zu einer Pflicht deklarieren.

Eine andere Möglichkeit, mit ungeliebten Tätigkeiten fertig zu werden, deren Unerledigt-Sein Sie belastet, ist das Erfassen und Widerlegen jener automatischen Gedanken, die Sie lähmen. Wie immer ist es am besten, wenn Sie sie erst einmal auf Papier oder in Ihrem Computer festhalten, um sie dann um so wirkungsvoller bekämpfen zu können. Auch das tun sie am besten schriftlich, damit Sie jederzeit Zugang zu Argumenten gegen Ihre Selbstentmutigungen haben, auch wenn Ihnen Ihr Gedächtnis einen Streich zu spielen versucht und Sie in ausgetretene Denkbahnen zurückgleiten läßt. Außerdem können Sie zumindest stolz darauf sein, Ihr Problem tatkräftig angegangen zu sein.

Ein Beispiel: Belinda hatte sich nach reiflicher Überlegung zur Anschaffung eines Fax-Geräts durchgerungen. Nun stand es in seiner Verpackung da und wartete darauf, installiert zu werden.

Lähmende automatische Gedanken	**Gegenargumente**
Ich bin technisch unbegabt und werde nie kapieren, wie man dieses Gerät zusammenbaut und die Software installiert.	Ich bin nicht dümmer als andere Leute, an die diese Firma ihre Fax-Geräte verkaufen will. Deshalb werde ich die Gebrauchsanleitung verstehen, wenn ich sie in Ruhe durchlese und Schritt für Schritt befolge.
Ich hasse Gebrauchsanleitungen	Ich könnte ja mal einen Blick hinein werfen. Von dieser Firma hatte ich schon mal eine, die ich auf Anhieb verstand.
Heute habe ich überhaupt keine Lust, mich mit diesem Gerät auseinander zu setzen.	Morgen, übermorgen usw. wahrscheinlich auch nicht. Ich probiere es heute für maximal eine Stunde. Wenn ich erst mal angefangen habe, schaffe ich den Rest sicher morgen mit weniger Angst.

Lähmende automatische Gedanken	Gegenargumente
Ich könnte erst noch Peter anrufen	Dann verquatschen wir uns, es wird spät, ich bin dann zu müde, um mich auf etwas Ungewohntes zu konzentrieren, und schlafe mit einem schlechten Gefühl ein.
Wozu brauche ich dieses blöde Fax-Gerät überhaupt?	Irgend etwas muß ich mir ja wohl gedacht haben, als ich das viele Geld dafür ausgegeben habe. In der letzten Zeit fragten so viele Leute, ob sie mir schnell etwas faxen und es sofort mit Unterschrift zurückgefaxt bekommen können.

Belinda raffte sich dann auf und vollendete ihr Werk in einer knappen Stunde. Sie platzte fast vor Stolz, erzählte allen ihren Freunden von ihrer Großtat und wundert sich nur noch, daß sie vor dieser Kleinigkeit solche Angst hatte. Sie hatte sich zuvor als technisch unbegabte Frau eingestuft, eine voreilige Voraussage getroffen („schaffe ich nie"), emotional argumentiert („Ich hasse ...") und dabei auch noch maßlos übertrieben.

Generell bringt es erstaunlich viel, automatische Gedanken wie z.B. „Das kann ich nicht" sofort zu überprüfen. Falls Sie dazu nicht bereit sind, wäre es vermutlich ehrlicher zu denken: „Das will ich nicht" bzw. „Dazu habe ich keine Lust." Dies wiederum ist wahrscheinlich darauf zurückzuführen, daß Sie bestimmte Dinge nicht so gut können, wie Sie möchten. In Belindas Fall ging es hauptsächlich um die Geschwindigkeit und Leichtigkeit, mit der sie vieles erledigte und auf die sie nicht verzichten mochte. Natürlich haben wir alle unterschiedliche Begabungen, und manches gelingt uns besser als anderes. Wägen Sie doch – am besten schriftlich – ab, was dafür und was dagegen spricht, sich einer Herausforderung durch Ungewohntes, bekanntermaßen Frustrierendes, Mühsames zu stellen. Wenn Ihr Einkommen oberhalb des Existenzminimums liegt, haben Sie die Wahl, auf manchen Konsum zu verzichten und dafür Arbeiten zu delegieren, die Sie nicht mögen. Es lohnt sich aber, von Zeit zu Zeit zu überprüfen, ob manche von Ihnen abgelehnten oder gar gefürchteten Tätigkeiten wirklich so schlimm sind (siehe Belinda).

Einer der vielen Teufelskreise der depressiven Lethargie besteht darin, daß die Untätigkeit Ihr Selbstwertgefühl untergräbt und Schuldgefühle erzeugt, die nicht etwa motivieren, sondern die Apathie verstärken. Statt zu handeln, ergehen Sie sich in Selbstvorwürfen. Außerdem ist es natürlich leichter, nur wegzuräumen oder zu putzen, was sich an Unordnung oder Schmutz während der letzten Tage oder Woche angesammelt hat. Ein wirkliches Chaos zu beseitigen oder den Stall des Augias auszumisten, bedarf eines Herkules oder aber vieler kleiner Etappen, die Sie garantiert bewältigen können (eine Stunde oder ein Schrankfach pro Tag). Diese Teilerfolge können gar nicht hoch genug bewertet werden, weil Sie damit den ungeheuer schwierigen Anfang meistern. Manche Tätigkeiten scheinen mit chemischen Prozessen vergleichbar: Obwohl insgesamt Energie gewonnen wird, muß zunächst Aktivierungsenergie aufgebracht werden, um die Umwandlung in Gang zu setzen. Wenn man den Zeitverlauf graphisch darstellt, ergibt sich zunächst eine kleine Anhöhe und dann ein Tal, das tiefer liegt als das Ausgangsniveau. Vielleicht können Sie sich bildlich vorstellen, wie Sie eine Düne hochstapfen durch unter Ihnen wegrutschenden Sand. Aber dann können Sie sich – je nach Alter – den meerseitigen Hang hinunter kullern lassen oder nur das freundliche Gefälle genießen, den Blick auf endloses Wasser, in das sie schließlich eintauchen. Eine endlich wieder gemütliche Wohnung ist zwar nicht dasselbe, aber auch sehr angenehm.

Denken Sie bitte jetzt nicht „Was ist schon dabei aufzuräumen. Kann doch jeder – außer mir." Sie sind nicht jeder! Ihnen scheint es schwer zu fallen. Wenn Sie sich dennoch dazu durchringen, ist das für Sie eine Großtat. Der Maßstab für Sie sind Sie selbst. Nicht jeder Tennisspieler kann sich mit Boris Becker vergleichen.

Wenn Sie nun schon bereit sind, das Alles-oder-nichts-Denken einzuschränken, möchten Sie vielleicht nicht nur ausprobieren, ob Sie wirklich etwas nicht können, sondern wie schwer es Ihnen fällt. Sie können ein mit einen Terminkalender kombiniertes Tagebuch führen. Darin läßt sich notieren, was Sie sich vornehmen, wie schwierig Sie es einschätzen, was Sie tatsächlich gemacht haben, wie schwer das war und – wenn Sie mögen – auch noch den erwarteten und tatsächlich erlebten Spaß.

Hier sehen Sie einen Auszug aus einer solchen Aufstellung:

Datum / Vorhaben	**Befürchtete Schwierigkeit (1–10)/ geschätzter Zeitaufwand**	**erhoffte(s) Vergnügen/ Zufriedenheit**	**Datum / durchgeführte Tätigkeit**	**erlebte Schwierigkeit (1–10) / tatsächlicher Zeitaufwand**	**erlebte(s) Vergnügen / Zufriedenheit**
4.5. Bewerbung schreiben	9/1 Tag	3	18.5. Bewerbung schreiben	Vormittag und halber Nachmittag (fast rechtzeitig zum Tee mit der Familie)	10 (wußte gar nicht mehr, was ich alles aufweisen kann, neuer Drucker wirklich toll)
20.5. Besorgung in einem weit entfernt liegenden Stadtteil machen	3/2,5 Std.	2/2	18.6. Mit dem Rad hingefahren	4 (auf dem Hinweg häufig auf den Stadtplan geschaut und nicht den schönsten Weg gefunden, auf dem Rückweg zum Schluß müde und schmerzende Knie), 2 Std. (1,5 geradelt)	10/10 (schönes Nachmittagslicht, Sommerwind, viele Leute in Straßenlokalen, bunte Obst- und Gemüseläden / nicht wirklich verfahren, Stadt besser kennengelernt)

Datum / Vorhaben	**Befürchtete Schwierigkeit (1–10)/ geschätzter Zeitaufwand**	**erhoffte(s) Vergnügen/ Zufriedenheit**	**Datum / durchgeführte Tätigkeit**	**erlebte Schwierigkeit (1–10) / tatsächlicher Zeitaufwand**	**erlebte(s) Vergnügen / Zufriedenheit**
20.5. Große Ausstellung besuchen	0/mit Weg 3–4 Std.	5/6	19.6. Mit dem Rad hingefahren, zufällig Bekannten getroffen, ab da mehr kursorisch geschaut, anschließend etwas essen gegangen, von ihm nach Hause gebracht	0 (nicht einmal auf den Stadtplan geschaut und nicht verfahren)/ 23 Min geradelt, alles zusammen 4 Std. 20 Min.	9/10
10.6. Alle Blumen umtopfen, die es nötig haben	1,2 Std.	0 (mag schmutzige Arbeiten nicht)/5	11.6. Zwei Blumen vergessen, mochte nicht gleich wieder von vorn anfangen	1,5 Std.	6 (froh für die umgetopften Pflanzen, ärgerlich über die vergessenen)

Falls Ihnen diese Einteilung zusagt, finden Sie hier die Vorlage zum Kopieren.

Datum / Vorhaben	**Befürchtete Schwierigkeit (1–10)/ geschätzter Zeitaufwand**	**erhoffte(s) Vergnügen/ Zufriedenheit**	**Datum / durchgeführte Tätigkeit**	**erlebte Schwierigkeit (1–10) / tatsächlicher Zeitaufwand**	**erlebte(s) Vergnügen / Zufriedenheit**

Kapitel 7
Sollen und mögen

Hoffentlich ist Ihnen bei der Lektüre des vorigen Kapitels und der dazugehörigen Übung vieles eingefallen, was Sie gern tun würden. Vielleicht haben Sie aber bei fast allem bedauert, keine Zeit dafür zu finden. Dem soll nun etwas abgeholfen werden. Vor der Therapie ist es immer günstig, zunächst eine genaue Diagnose zu stellen, und das können Sie selbst. Schauen Sie Ihr Tagebuch durch oder – falls Sie bisher keines geführt haben – skizzieren sie kurz den heutigen und die letzten Tage oder einen typischen Werktag und ein Wochenende, das wie viele andere verlief. Richten Sie eine Spalte für P wie Pflicht und V wie Vergnügen ein oder m wie muß und d wie darf oder was immer Sie als Bezeichnung und Abkürzung für passend halten.

Nehmen wir als Beispiel Annas Tagebuch:

Uhrzeit	**Tätigkeit**	**P**	**V**
6–7	aufgestanden, Kinder geweckt, Frühstück gemacht	x	
7–8	Frühstück (V), Kinder zur Tagesmutter, in den Kindergarten und zur Schule gebracht (P)	x	x
8–9	zur Arbeit gehetzt (P), Patienten gesehen (V)	x	x
9–10	Patienten		x
10–11	Patienten (V), statt Frühstückspause mit Kollegen Schokoladenriegel beim Diktieren (P)	x	x
11–12	Patienten		x
12–13	Patient (V), zur Tagesmutter, zum Kindergarten und nach Hause gehetzt (P), gekocht (P)	x x	x

Uhrzeit	Tätigkeit	P	V
13–14	Mittagessen mit Kindern, Küche aufgeräumt	x	x
14–15	Handwerker empfangen, anschließend geputzt	x	
15–16	Katharina zum Klavierunterricht gefahren, mit Florian und Lucas bei Regen im Auto gewartet	x	
16–17	mit allen zum Kinderarzt wegen Impfung von Lucas, lange gewartet	x	
17–18	"	x	
18–19	auf dem Rückweg mit allen zum Supermarkt (voll, alle müde)	x	
19–20	Abendessen für die Kinder und sie zu Bett gebracht (P), Vorlesen (V)	x	x
20–21	Abendessen mit Peter und seinen Geschäftspartnern		x
21–22	"		x
22–23	"	x	
23–24	"	x	
0– 1	zu Bett		x

***Anna** ist kein extremer Fall. Zumindest große Teile ihrer Berufstätigkeit (den direkten Umgang mit Patienten) und die Mahlzeiten empfindet sie bei dieser sehr groben Einteilung eher als Vergnügen denn als Pflicht. Natürlich ist das Essen mit den Kindern meist keine reine Freude (Tischmanieren, Streit der Kinder untereinander), und sie würde – besonders nach dem für ihren Geschmack viel zu langen Tafeln am Abend mit Menschen, die weder ihre Freunde sind noch ihre Interessen teilen – manchmal lieber eine Stunde länger schlafen, dies übrigens auch morgens auf Kosten ihrer klinischen Tätigkeit.*

Anna wurde dann – unter anderem vor Erschöpfung – sehr depressiv und später körperlich schwer krank. Sie hat aber schließlich gelernt, mit ihren Kräften hauszuhalten und Prioritäten zu setzen. Heute packt sie selten ihren Tag so voll wie den protokollierten.

Warum muß eine Impfung unbedingt am selben Tag wie die Klavierstunde und der Handwerkertermin stattfinden? Da ihr Mann – zumindest an Wochentagen – nach wie vor nicht früh genug aus dem Büro nach Hause kommt, um sich um die Kinder zu kümmern, hat Anna sie zunehmend zur Selbständigkeit erzogen. D. h. sie fährt sie nicht mehr zum Musikunterricht, Reiten und dergleichen. Nun wird Katharina dafür bewundert, ein Jahr in den USA zur Schule zu gehen, was ihr bei einem stärker behüteten Aufwachsen wahrscheinlich nicht so leicht gefallen wäre. Anna fühlt sich auch nicht mehr verpflichtet, an geselligen Ereignissen teilzunehmen, die über ihre Kräfte gehen. Sie ist mit ihrem derzeitigen Leben sehr zufrieden.

Natürlich sind die Kinder jetzt auch älter. Aber der Jüngste unternimmt auch allein Dinge, bei denen seine Mutter Katharina im selben Alter noch begleitet hätte. Lassen Sie sich nicht einreden, Sie seien eine Rabenmutter, weil Ihre Kinder vielleicht auf etwas verzichten müssen, was Ihre Chauffeur-Dienste ermöglichen würden. Viele wissenschaftliche Untersuchungen weisen darauf hin, daß es für Kinder und Ehepartner ein Risiko darstellt, eine depressive Mutter oder Ehefrau zu haben. Ob es wirklich ein Nachteil ist, nicht zusätzlich zur Schule ständig weitere Termine – meist anderen Unterricht – zu haben, steht keineswegs fest.

Rosemarie *kam wegen Schmerzmittel-Mißbrauchs zu einer stationären Behandlung. Sie hatte sich jahrelang völlig überfordert. Zusätzlich zu ihrer vollen Berufstätigkeit am Fließband einer Fabrik übernahm sie im wesentlichen die Sorge für ihre Tochter und vollständig die Hausarbeit. Ihr Mann erholte sich am Feierabend und an den Wochenende mit Fernsehen, Zeitunglesen und Kegeln. Rosemarie hatte in ihrer Erschöpfung ständig Spannungskopfschmerzen, die sie aber nicht als Signal verstand, sich zu schonen. Statt dessen bekämpfte sie sie mit steigenden Dosen von Medikamenten, um dem nachzukommen, was sie für ihre Pflicht hielt. Schließlich litt sie unter Dauerkopfschmerzen, die paradoxerweise durch den chronischen Gebrauch von Schmerzmitteln entstanden waren. Als ihr dies in der Ambulanz erklärt wurde, reduzierte sie die tägliche Tablettenzahl schrittweise, was die Schmerzen auch nicht mehr verschlimmerte, und kam bereits fast völlig medikamentenfrei in die Klinik. Während ihrer stationären Behandlung zeigte sich schnell, daß auch ihr Mann durchaus in der Lage war, den Haushalt zu füh-*

ren und sich um die Tochter zu kümmern. Er war gern bereit, Rosemarie nach ihrer Entlassung tatkräftig zu unterstützen. Auch für ihn war es bedrückend gewesen, mit einer Frau zu leben, die ständig erschöpft war und unter Kopfschmerzen litt. In der rechten Spalte von Rosemaries Tagesübersicht fanden sich fast ausschließlich P's, da sie für Vergnügen keine Kraft mehr hatte.

Schauen Sie nun, wie es bei Ihnen aussieht. Wie in früheren Kapiteln können Sie sich das nachstehende Muster kopieren, wenn Sie es hilfreich finden.

Uhrzeit	**Tätigkeit**	**P od. V**

Wie sieht es mit Ihrer Balance zwischen Pflichten und solchen Aktivitäten aus, die Sie mögen? Lernen Sie Prioritäten zu setzen und zu delegieren, um mehr Zeit für sich selbst zu haben. Für Frauen ist es oft besonders schwierig, Beruf und Familie gleichzeitig gerecht zu werden. Ideal wäre natürlich eine faire Aufteilung der Lasten unter Ehepartnern, und es gibt auch zunehmend erfreuliche Beispiele, wo dies – zumindest besser als früher – gelingt.

Natürlich besteht bei eingeschränkter Berufstätigkeit zugunsten der Kinder das Risiko, später nicht ohne weiteres aufzuholen. Besprechen Sie dieses Problem nicht nur mit Ihrem Ehepartner, sondern auch mit Ihrem Vorgesetzten. Vielleicht läßt es sich unkomplizierter lösen, als Sie denken. Fügen Sie sich jedenfalls nicht in ein vermeintlich unabänderliches Schicksal, ohne alle Möglichkeiten erwogen (und erprobt) zu haben, ein Ihren besonderen Fähigkeiten und Vorlieben einerseits und individuellen Grenzen andererseits angemesseneres Arrangement zu finden. Erst dann gilt es, zum bestmöglichen Kompromiß auch eine positive Einstellung zu finden. Woher wissen Sie, daß eine Erfüllung Ihrer Wünsche Sie tatsächlich glücklich machen würde? (Bei Oscar Wilde gibt es im „Idealen Ehemann" den Ausspruch: „Wenn die Götter Dich strafen wollen, erhören sie Deine Gebete.")

***Anna** beispielsweise versuchte jahrelang Karriere und Familie zu vereinbaren. Äußerlich mag sie manchem beneidenswert erschienen sein: ein bei allen beliebter, wohlhabender und erfolgreicher Ehemann, drei gesunde Kinder, Facharztausbildung, Promotion, viele Freunde, großes Haus und Garten. Aber all das kostet Kraft – mehr, als Anna auf die Dauer hatte. Außer den schon berichteten Veränderungen in ihrem Leben gab sie schließlich ihre weit entfernte Teilzeitstelle mit frühem Arbeitsbeginn auf. Eine Zusatzausbildung zog sie nicht – wie früher die Promotion – ohne Rücksicht auf Verluste an Gesundheit und Lebensqualität durch, sondern verteilte sie über mehrere Jahre, so daß sie wirklich Freude und persönlichen Gewinn daran hatte.*

Nun noch etwas Grundsätzliches: Woher nehmen Sie eigentlich Ihr „ich sollte" und „man müßte"? Automatische, nie hinterfragte Gedanken? Wahrscheinlich wäre es vorteilhaft für Sie (und diejenigen, die Ihnen nahe stehen), wenn Sie diese ungeschriebenen Gesetze genauer unter die Lupe nehmen würden. Welcher Religion oder ethischen Maßstäben auch immer Sie sich verpflichtet fühlen, eine Kosten-/Nutzen-Analyse ihres Denkens und Handelns ist möglich und kann hilfreich sein. Nehmen wir noch einmal Anna als Beispiel, die eine praktizierende Christin ist. Als sie unter all der Selbstüberforderung zusammenzubrechen begann, erinnerte ihre Schwiegermutter sie daran, auch den zweiten Teil von „Liebe deinen Nächsten wie dich selbst" wirklich ernst zu nehmen.

Gerade Personen, die in sozialen Berufen arbeiten oder privat für andere Sorge tragen, sind in der Gefahr, sich aufzuopfern. Da solche Menschen aber ihr eigenes Arbeitsmittel sind, tun sie gut daran, sich so zu pflegen wie ein Musiker sein kostbares Instrument. Bedenken Sie, daß Sie einen langen Atem brauchen, um den Ihnen Anvertrauten etwas Gutes zu tun. Daher ist es wichtig, rechtzeitig Grenzen zu setzen. Besondere Vorsicht ist geboten, wenn Sie Alkohol oder Medikamente benutzen, um mit den Belastungen Ihres Alltags fertig zu werden. Dann ist es höchste Zeit, nicht sich selbst chemisch zu manipulieren, sondern Ihr Leben anders einzurichten.

Häufig geht es aber gar nicht um so hehre Ziele wie Glaube oder große, soziale Verpflichtungen. *Einer meiner Patienten, der seit über zehn Jahren depressiv war, regte sich ungeheuer über seine eigene Verspätung bei einer Vortragsveranstaltung auf. Meine Nachfragen ergaben, daß er nicht bedacht hatte, sein seit einiger Zeit unbenutztes Auto erst langwierig von Schnee und Eis befreien zu müssen. Er war der Meinung, er hätte daran denken müssen. Nein, sein leises Betreten des Saals hatte vermutlich niemanden gestört. Er konnte den Ausführungen des Sprechers trotz des verpaßten Anfangs mühelos folgen. Aber man kommt einfach nicht zu spät! Als er das erste Mal bei mir nicht ganz pünktlich war, konnte er sich das zunächst auch kaum verzeihen, und wir verwendeten einen Teil der Sitzung auf dieses Problem. Inzwischen hat er gelernt, daß er weder alles vorhersehen noch kontrollieren kann. Deshalb ist es für ihn keine Katastrophe mehr, wenn er in einen Stau gerät, und er kann nach kurzer Entschuldigung zu wichtigeren Themen übergehen.*

Kapitel 8
Überfordern Sie sich selbst?

Wahrscheinlich lieben Sie – wie die meisten Menschen, zumindest in unserem Kulturkreis – den Erfolg. Ein todsicheres Erfolgsrezept will ich Ihnen hier gleich verraten: Wenn Sie sich unglücklich machen wollen, versuchen Sie einfach, perfekt zu sein und ständig alles unter Kontrolle zu halten. Sie werden garantiert immer hinter diesem Ziel zurückbleiben, enttäuscht, unzufrieden und wahrscheinlich auch – wenigstens zeitweise – depressiv. Selbst wenn es Ihnen gelänge, vollkommen zu sein – aber ich garantiere Ihnen, das wird nicht der Fall sein –, würden Sie nicht glücklich. Sie wären dann wahrscheinlich einsam. Wer traut sich schon in die Nähe eines fehlerlosen Alleskönners? Die meisten Menschen fühlen sich nicht gern pausenlos unterlegen. Sie möchten zwar vielleicht ein wenig im Widerschein des Glanzes ihrer Freunde erstrahlen und prahlen mit ihrer Vertrautheit mit den Großen und Schönen dieser Welt. Aber so richtig wohl und gemütlich fühlen Sie sich mit ihnen vermutlich nicht. Überlegen Sie einmal, was Ihnen wichtiger ist: Bewunderung oder Liebe? Natürlich wollen Sie beides. Aber wie lange hält die Freude am Aufblicken der anderen oder gar an ihrem Neid vor? Ist nicht ein Geben und Nehmen Grundlage der meisten Beziehungen? Fühlen Sie sich wirklich wohl bei Menschen, denen Sie zu viel zu verdanken haben, die alles besser wissen und durch beides letztlich – vielleicht unbeabsichtigt – Kontrolle über Sie ausüben und Ihr Selbstwertgefühl untergraben? Wollen Sie selbst wirklich ein solches Wunderwesen sein, das alles kann, makellos schön ist – und letztlich Furcht einflößt?

Ich erinnere mich an eine bildschöne, hochintelligente, mutige, selbständige und patente junge Ärztin, die nach ihrem amerikanischen Staatsexamen ein Jahr lang allein um die Welt reiste. In London blieb sie zwei Monate, um an einer berühmten Klinik bei einer Kapazität ihres Fachs zu hospitieren. Ich war sofort fasziniert von ihr und fand sie sehr sympathisch, traute mich aber nicht, sie zu einem Kinobesuch oder dergleichen einzuladen. Denn ich war sicher, daß attraktive junge Männer bei ihr Schlange stehen und sie ihre kostbare Zeit lieber mit Verehrern als einer etwas älteren Kollegin verbringen würde. Schließlich wagte ich doch einen Vorstoß. Sie nahm den Vorschlag sehr dankbar auf, da sie bisher all ihre Freizeit in London allein verbracht hatte. Ich konnte mir das nur so erklären, daß niemand glauben konnte, die Gunst eines so vollkommenen Wesens zu gewinnen. Übrigens lernte auch sie ihre Grenzen spätestens während der anstrengenden amerikanischen Facharztausbildung kennen, während der sie jede dritte Nacht Dienst hatte und auch tagsüber per Pieper ständig erreichbar sein mußte und dementsprechend völlig übermüdet war.

Langer Rede kurzer Sinn: Perfektion ist weder erreichbar noch erstrebenswert. Warum bemühen sich dennoch so viele Menschen darum und machen sich damit unglücklich? Oft liegt es an ihrem Schwarz-Weiß-Denken: Was nicht vollkommen ist, muß durch und durch schlecht sein. Grautöne gibt es nicht. Wenn ich einem Menschen nicht gefalle, ist das ein Beweis dafür, daß ich unattraktiv bin. Also muß ich allen gefallen, und das gelingt mir natürlich nicht.

Glauben Sie nicht, daß Sie Zufriedenheit durch das mühsame Erreichen hochgesteckter Ziele erzwingen können, denn Sie werden danach sofort noch höhere Anforderungen an sich stellen. *Ein Professor an einer der berühmtesten Universitäten der Welt mußte hart an sich arbeiten, um zu akzeptieren, daß er wohl doch nicht den Nobelpreis erringen würde, wie er es in jungen Jahren erwartet hatte. Im Gegensatz dazu erlebte eine meiner Studentinnen jeden Tag als Triumph, an dem sie nicht in die Alkoholabhängigkeit zurückfiel.* Sie hatte recht, stolz auf sich zu sein. Wo immer Ihr Platz in dieser Welt ist, sehen Sie sich mit Menschen konfrontiert, die noch etwas mehr geleistet haben als Sie. Wenn Sie Ihrem Perfektionismus nachgeben, werden Sie sich immer an diesen Menschen messen, statt auch die weniger erfolgreichen in Ihren Vergleich einzubeziehen, oder – besser noch – zu erkennen, daß Geld und Ruhm weder notwendige noch hinreichende Voraussetzungen für Selbstachtung und persönliche Erfüllung sind.

Übrigens haben sowohl die christliche Religion als auch der Islam durchaus eingeplant, daß Menschen nicht vollkommen sind. Deshalb ist Jesus für sie am Kreuz gestorben und hat die katholische Kirche die Beichte eingeführt. Wollen Sie wirklich so hochmütig sein, dies für überflüssig zu halten? In den großartigen Palästen nordindischer Mogule werden Sie immer eine kleine Asymmetrie finden, einen absichtlichen Fehler, da nur Allah Vollendetes schaffen kann und Menschen sich nicht anmaßen sollten, es auch nur zu versuchen. Es geht mir hier nicht um Glaubensfragen, sondern um die Erkenntnis, daß selbst bei größtem Bemühen Fehler (oder Sünden) unvermeidlich sind.

Dies ist kein Plädoyer für Schlamperei oder dafür, sich erst gar nicht zu bemühen. Wichtig erscheint mir nur, sich mit dem auszusöhnen, was man nach bestem Wissen und Gewissen erreicht hat. Fehler oder Unvollkommenheiten bieten die Gelegenheit zu überdenken, was Sie beim nächsten Versuch besser machen können. Diese Herausforderung kann durchaus anregend wirken und die Lebensintensität steigern, solange Sie sich zugestehen, auch beim nächsten Mal nicht perfekt zu sein. Wie langweilig und deprimierend es ist, alles Erträumte erreicht zu haben, lesen Sie in dem über weite Strecken autobiographischen Buch „Travels" des äußerst erfolgreichen Autors („Coma", „Jurassic Park") und Filmregisseurs („The great train robbery") Michael Crichton.

In diesem Zusammenhang noch eine Anmerkung zur Auswirkung von Angst auf Leistung: Sie wissen sicher aus eigener schmerzvoller Erfahrung, daß zu viel Angst beeinträchtigen kann: Ihr Denken ist in der Prüfung blockiert. Ihre Hände sind schweißnaß, so daß Sie niemandem die Hand geben möchten und Sie Geige und Bogen kaum halten können. Beim Vortrag wird Ihr Mund trocken und Ihr Stimmapparat verkrampft sich. Wissen Sie aber auch, daß gar keine oder zu wenig Angst die Leistung beeinträchtigt? Ein bißchen Aufregung hält uns wach und motiviert uns zu vermehrter Anstrengung. Ärgern Sie sich also nicht über Ihre Aufregung. Versuchen Sie nur, sie durch realistische Anforderungen an sich selbst auf ein hilfreiches Niveau herunterzuschrauben. Überlegen Sie einmal ganz nüchtern, was passieren würde, wenn Sie durch die Prüfung fallen (1), nach dem Vorstellungsgespräch nicht die Stelle bekommen, auf die Sie sich beworben haben (2), sich beim Vortrag versprechen (3), die Redezeit nicht einhalten (4), falsch singen oder spielen (5), Ihren Text nicht mehr erinnern würden (6) oder was immer Sie fürchten.

Machen Sie daraus eine kleine Übung, die Ihnen helfen soll, durch logisches Denken und gesunden Menschenverstand Ihre Gefühle günstig zu beeinflussen. Versuchen Sie zunächst jenen Gedanken auf die Spur zu kommen, mit denen Sie sich – ohne es zu merken – immer wieder entmutigen. Ich beginne mit einem der oben genannten Beispiele, und Sie können mit den anderen fortfahren. Üben Sie ruhig auch an solchen Beispielen, die nicht auf Sie zutreffen. Probleme anderer scheinen ja oft leichter lösbar als die eigenen. Ergänzen Sie die Reihe aber auch mit Vorkommnissen aus Ihrem Leben.

Führen Sie diese Aufgabe schriftlich durch. Das fördert die Genauigkeit. Wie immer biete ich Ihnen eine Tabelle als Strukturierungshilfe an.

Situation	**automatische Gedanken**	**rationale Entgegnung**
Prüfung	a) Ich falle garantiert durch die Prüfung.	a) Es kommt mir zwar so vor. Aber keiner kann in die Zukunft schauen. Da ich bisher immer (meistens) mit guten (ausgezeichneten/passablen) Noten bestanden habe, stehen meine Chancen objektiv gar nicht so schlecht.
	b) Das wäre eine Katastrophe.	b) Es wäre zwar sehr ärgerlich, aber es eine Katastrophe zu nennen, ist übertrieben. Weder meine eigene noch die Existenz meiner Familie hängen von diesem Examen ab.
	c) Dann kann ich gleich meine Ausbildung abbrechen.	c) Es gibt die Möglichkeit, jede Prüfung zweimal zu wiederholen. Spätestens beim dritten Mal werde ich es wohl schaffen.
	d) Aus mir wird nie etwas.	d) Es gibt viele erfolgreiche Leute, die in der Schule oder der Ausbildung Probleme hatten. Manche werden ohne jeden formalen Abschluß reich und berühmt.

Situation	automatische Gedanken	rationale Entgegnung

Wenn Sie überhöhte Ansprüche an sich selbst stellen, tun Sie das wahrscheinlich auch an andere und das Leben im allgemeinen. Auch dies ist eine todsichere Methode, enttäuscht und unglücklich zu werden.

Zu hoch gesteckte Erwartung gibt es aber nicht nur an die eigene Leistung, sondern auch an das Glücksempfinden. Ich hatte bereits im Zusammenhang mit dem Thema Urlaub davor gewarnt, durch eine Ferienreise die Besserung einer schweren Depression zu erhoffen. Eines meiner Argumente war, daß Sie – da es in dieser Situation weniger Pflichten gibt – mehr Vergnügen erwarten und meinen, alle anderen amüsierten sich. Sie können sich aber zumindest zu Beginn Ihrer (Selbst-) Behandlung vermutlich eher dazu zwingen, etwas dringend Notwendiges zu erledigen als sich über etwas zu freuen. Um Ihre Erfolgsaussichten zu erhöhen, ist es deshalb sinnvoll, etwas zu planen, dessen Gelingen Sie nicht ausschließlich an der Besserung Ihrer Stimmung ablesen können.

Das heißt nicht, daß ich mich auf Dauer mit Ihrem Funktionieren in der Tretmühle des Alltags zufriedengeben will. Es ist darüber hinaus meine Absicht, daß Sie wieder lernen, Ihr Leben zu genießen. Aber auch in dieser Hinsicht sind erreichbare Ziele ebensosehr zu empfehlen wie die Bereitschaft, vorgefaßte Meinungen zu überprüfen. Eine häufig geäußerte Ansicht ist: „Allein macht mir das keinen Spaß." – Woher wissen Sie das? Wann haben Sie es das letzte Mal probiert? Waren Ihre Maßstäbe fair? Oder haben Sie den ersten Kinobesuch nach einer Trennung mit dem gemeinsamen, frisch verliebten Lachen über einen Film verglichen, den sie mit dem gerade verlorenen Partner sahen? Wäre es nicht sinnvoller zu überlegen, ob allein zu Hause zu sitzen angenehmer ist als ein Tapetenwechsel und Ablenkung durch einen Film, auf den Sie ein wenig neugierig sind, selbst wenn sie nur Ihre Meinung mit der anderer vergleichen wollen? Auch ohne das zusätzliche Vergnügen einer netten Begleitung können Sie sich doch vielleicht in den nächsten Tagen mit Kollegen oder Freunden austauschen, die diesen Film ebenfalls gesehen haben.

Viele Menschen meinen am meisten zu erreichen, wenn sie ihre Ziele immer etwas zu hoch stecken. Wenn Sie es ebenso halten und depressiv geworden sind, wäre es vielleicht an der Zeit, eine andere Methode auszuprobieren. Es könnte ja sein, daß Sie durch den ständigen Druck, unter den Sie sich setzen, unnötig Energie verbrauchen, anstatt Ihre Aufgaben gelassen in Angriff zu nehmen. Überlegen Sie, was Sie wirklich unbedingt leisten müssen, ohne unverantwortlich zu handeln. Welche der zusätzlich übernommenen Pflichten oder höheren Ansprüche an Sie selbst nützt Ihnen oder irgend einer anderen Person wirklich? Steigert es Ihre Lebensqualität, mehr zu verdienen, zu publizieren, im Mittelpunkt oder gar Rampenlicht der Öffentlichkeit zu stehen? Natürlich schmeichelt all das. Aber wie lange hält die Freude vor und wie hoch ist der Preis?

Setzen sie doch zur Abwechslung einmal Ihren Ehrgeiz daran, etwas mit Spaß und dem Gefühl, es freiwillig zu tun, zu erledigen. *Felix probierte es bei seiner Diplomarbeit aus und versuchte an jedem Tag, an dem er überhaupt Zeit hatte, 1% zu schreiben, also knapp zwei Seiten. Da sich dieses Ziel leicht erreichen ließ, setzte er sich meist voller Vorfreude auf den nahezu garantierten Erfolg an den Computer und brachte meistens mehr zustande, als er von sich gefordert hatte. Es blieb ihm immer viel Zeit für anderes, so daß er nicht das Gefühl hatte, vom übrigen Leben abgeschnitten zu sein. Nach jedem Abschnitt konnte er während anderer Tätigkeiten den nächsten ausbrüten. Als er gegen Ende zehn Tage lang kaum andere Verpflichtungen, aber einen Strand vor der Tür hatte, konnte er das Pensum mühelos auf mindestens 2% täglich steigern. Als er sich aber noch mehr abtrotzen wollte und nicht rechtzeitig eine Pause einlegte, geriet die Arbeit ins Stocken und die Begeisterung verflog. Sobald er die Zügel wieder lockerer ließ, lief es wieder bestens.*

Viele scheinen sich zu überfordern aus Furcht, sonst völlig zu verlottern. Also auch hier wieder das bei Menschen, die zu Depressionen neigen, weitverbreitete Alles-oder-Nichts-Denken. Es muß aber nicht so gehen. *Holger hatte große Schwierigkeiten, sich gleich zu Beginn seines Chemiestudiums viel Detailwissen anzueignen. Er lernte abends, bis er zu Bett ging. Danach schlief er schlecht und hatte Alpträume. Auch am Wochenende gönnte er sich keine Pause. Als er schließlich bei einem Mitbewohner des Studentenheims ein ihm besonders liebes Musikstück hörte, brach er in Tränen aus. Plötzlich wurde ihm bewußt, was er seit Semesterbeginn versäumt hatte, und daß er so nicht leben wollte. Manchmal wünschte er sich, lieber tot zu sein als weiter zu pauken. Dann beschloß er – wie während der Schulzeit – als Tagesabschluß im Bett etwas Belletristik zu lesen und mindestens ein Konzert pro Woche zu besuchen. Falls er damit seine Prüfungen nicht bestehen sollte, wollte er Grundschullehrer werden. Seine Eltern, die selbst Chemiker waren, ihren Beruf liebten und ihrem Sohn diese Laufbahn zutrauten, sorgten für weitere Entlastung vom Leistungsdruck. Sie boten ihm großzügigerweise an, ihn ein Jahr über die Regelstudienzeit hinaus finanziell zu unterstützen. Holger konnte sich aussuchen, ob er in Wien ein oder zwei Kultursemester einlegen, einfach etwas langsamer studieren oder – im Falle eines frühen Studienabschlusses – das restliche Geld anderweitig verwenden wollte. Er entschied sich, weiterhin so zu studieren, daß er genügend Zeit für andere Interessen hatte und es darauf ankommen zu lassen, ob er sich dies im Fach Chemie erlauben konnte. Bis auf ein Testat, das er wiederholen mußte, bestand er alle Prüfungen zwar ohne besonderen Glanz, aber auch ohne übertriebene Aufregung oder Einschränkung seines bewährten Lebensstils so früh wie jeweils möglich. Das restliche Geld kam ihm sehr zustatten, als er sieben Monate arbeitslos war.*

Für eine weitere Art, sich zu überfordern, sind nach meiner Beobachtung Frauen besonders anfällig. Sie versuchen oft, es jedem recht zu machen. Das liegt möglicherweise daran, daß sie noch immer dazu erzogen werden, zu gefallen und sich anzupassen. Für das Selbstwertgefühl von vielen Frauen spielt nach wie vor nicht nur der Erfolg in Ausbildung und Beruf, sondern auch beim anderen Geschlecht eine größere Rolle, als dies im allgemeinen bei Männern der Fall ist. Zusätzlich übernehmen sie fast immer den größeren Teil der Verantwortung für das Wohlergehen ihrer Kinder. Das betrifft sowohl die aufgewendete Zeit und damit das Zurückstecken in der Karriere als auch die Vorwürfe, die sie sich selbst machen oder von anderen zu hören bekommen, wenn das Ergebnis ihrer Bemühungen nicht ihren Erwartungen entspricht. Da sich die Rollen der attraktiven Geliebten, der fürsorglichen Mutter, die jederzeit für jeden da ist, und der pünktlichen, sich voll einsetzenden und zu Überstunden, Dienstreisen und Wohnortwechsel bereiten Arbeitskraft nicht vereinen lassen, wird jede Frau, die dies dennoch versucht, von Gewissensbissen und Versagensgefühlen geplagt.

Es ist sicher erstrebenswert, die Auswirkungen der eigenen Handlungen nicht nur auf sich selbst, sondern auch auf andere zu bedenken und Rücksicht auf eine Art zu üben, die langfristig allen zugute kommt. Das bedeutet aber auch, daß Sie sich nicht so zwischen den verschiedenen Ansprüchen zerreißen, die Sie selbst und andere an Sie stellen, daß Sie depressiv werden oder bleiben. Sollten Sie doch in die Versuchung kommen, es zu tun, dann sagen Sie sich immer wieder: „Ich kann nicht allen alles recht machen."

Kapitel 9
Schuld oder Pech, Glück oder wohlverdienter Erfolg?

Schreiben Sie sich Ihre Mißerfolge selbst zu und gute Ergebnisse günstigen Umständen? Sie sind durch eine Prüfung gefallen, was Ihrer Meinung nach beweist, daß Sie zu dumm für diese Ausbildung sind. – Ist das die einzige Erklärungsmöglichkeit? War nicht Ihre Tochter krank und Sie fanden es mit Recht wichtiger, sie liebevoll zu pflegen? – Sie hätten früher mit der Examensvorbereitung beginnen sollen. – Mag sein. Aber aus dieser Erfahrung können Sie ja lernen. Jedenfalls beweist diese Erfahrung nicht, daß Sie zu unbegabt sind. Außerdem, hatten Sie nicht einen gefürchteten Prüfer, bei dem auch andere durchgefallen sind? – Solche Ausreden akzeptieren Sie nicht. Manche haben es ja bei ihm geschafft. – Wie war es denn bei den Examina, die Sie bestanden haben? Das führten Sie auf die besondere Milde der Prüferin zurück und auf Ihr Glück, genau nach Ihrem Lieblingsthema gefragt zu werden. – Warum aber berücksichtigen Sie im einen Fall ausschließlich die günstigen Umstände, ohne anzuerkennen, daß Sie für „Ihr Lieblingsthema" sowohl ein besonders Talent mitbringen als auch gründlich gelernt haben? Warum hat die erste Prüfung, bei der Sie durchgefallen sind, bei Ihrer Beurteilung ein ungleich größeres Gewicht als die Prüfungen, die Sie bestanden haben? – Überlegen Sie in ähnlichen Fällen (gemeinsam mit Ihrem Helfer oder Ihrer Helferin), ob der unerwünschte Ausgang wirklich an Ihnen lag und nicht mancher Erfolg Ihrer eigenen Leistung zuzuschreiben ist.

Eltern fühlen sich häufig schuldig an der Behinderung oder chronischen Krankheit ihrer Kinder. Dies ist vermutlich einer der Gründe, warum bei ihnen nach den Phasen der Ungläubigkeit, daß sie solch ein Schicksal getroffen hat, der Wut, wenn sie es nicht mehr leugnen können, und der Trauer nicht Akzeptanz eintritt, sondern Depression. Selbst wenn die werdende Mutter keine Medikamente eingenommen, keinen Alkohol getrunken, nicht aktiv oder passiv geraucht und auch sonst gesund gelebt hat und regelmäßig zur

Schwangerschaftsvorsorge und -gymnastik gegangen ist, **fühlen** sich die Eltern oft schuldig oder zumindest in ihrem Selbstwert beeinträchtigt. Religiöse Menschen suchen oft nach Sünden, für die sie bestraft werden. Aber auch Atheisten fragen sich, womit sie dieses Schicksal verdient haben. Dabei wissen sie, daß der größte Teil der Menschheit, der ganz bestimmt nicht schlechter ist als wir, unter viel ungünstigeren Bedingungen lebt.

Selbst wenn sich der Wert eines Menschen nach seinen Leistungen bemäße, wären insbesondere die Mütter chronisch kranker und behinderter Kinder wegen der erschwerten Fürsorge und Erziehung eher mehr wert als die stolzen Eltern gesunder Sprößlinge. Falls Sie zu den Betroffenen gehören, überlegen Sie bitte, ob Sie je – auch bevor Sie dieses Schicksal traf – die Eltern behinderter Kinder einer Schuld verdächtigt oder verachtet haben. Vermutlich nicht. Eine Ausnahme bilden vielleicht die Angehörigen psychisch Kranker, denen – meist zu Unrecht und leider gelegentlich auch von professionellen Helfern – (Mit-)Verantwortung für das Leiden (der ganzen Familie) zugeschrieben wird. Vielleicht erinnern Sie sich an den Film „Rain Man". Darin wird sehr einfühlsam gezeigt, wie ein ganz normaler junger Mann sich durch das Zusammensein mit seinem autistischen Bruder nach und nach anders verhält als Menschen, die ohne eine solche Herausforderung leben. Aus dem Ergebnis dieser Anpassung zu schließen, daß genau dieses Verhalten die Krankheit verursacht habe, heißt die Tatsachen verdrehen und der Belastung durch die Krankheit die der Kränkung hinzufügen.

In jedem Fall sind Schuldvorwürfe äußerst unproduktiv. Kommen sie von außen, ist eine Unterstützung durch die anklagende Person kaum noch möglich. Oder können Sie sich vorstellen, Hilfe von jemandem anzunehmen, der Sie gerade noch angegriffen hat?

Aber auch Selbstbezichtigungen sind wenig hilfreich. Selbst wenn Sie – sehr wahrscheinlich nicht in böser Absicht – zur Entstehung des Leidens eines Angehörigen beigetragen haben sollten, hilft es diesem herzlich wenig, wenn Sie darüber brüten, was Sie anders hätten machen sollen. Durch solche Gedanken binden Sie Energien, die Sie zur Lösung anstehender Probleme dringend brauchen. Woher hätten die Eltern einer Magersüchtigen wissen sollen, daß das von dem Mädchen selbst heiß ersehnte Jahr in den USA eine Überforderung darstellte, auf die sie mit Hungern reagierte? Konnte die Schwangere ahnen, daß ihr Sohn wegen einer Tablette gegen Zahnschmerzen ohne Arme leben müßte? Natürlich hätten sie dann anders gehandelt. Aber sie waren ebensowenig Propheten wie Sie und ich. Und ohne Schuldgefühle können sie alle besser ihren Kindern helfen, wieder gesund zu werden bzw. mit der Behinderung zu leben.

Nun noch zu dem verwandten Problem, daß Sie glauben, Ihre eigene Krankheit verschuldet zu haben, insbesondere eine Depression. Es ist zwar äußerst vorteilhaft, wenn Sie zu Ihrer Gesundung aktiv beitragen und in diesem Zusammenhang Verantwortung übernehmen wollen. Aber sich in selbstquälerischer Weise für Ihre Niedergeschlagenheit auch noch anzuklagen, verschlimmert sie nur und verschwendet Energien, die Sie für Ihre Genesung dringend brauchen. Selbst wenn Sie beispielsweise durch eine Hungerkur zu Ihrem Elend beigetragen haben sollten, taten Sie dies sicher nicht absichtlich. Solange Sie bereit sind, aus Ihren Fehlern zu lernen und – in diesem Falle – sich in Zukunft gesund ernähren, kann Ihnen niemand einen Vorwurf machen, nicht einmal Sie selbst.

Bei sogenannten psychosomatischen Erkrankungen kommt es häufig vor, daß die Betroffenen oder Menschen in ihrer Umgebung sie vorschnell als Anzeichen persönlicher Konflikte interpretieren, oft mit moralisierendem Unterton. Meist handelt es sich bei diesen vermeintlichen Einsichten um grobe Vereinfachungen. Schon die Trennung in „psychosomatische" und andere Leiden geht an der Realität vorbei. Einerseits spielen psychosoziale Faktoren fast immer eine mehr oder weniger bedeutende Rolle. In den USA fand man einen Rückgang der Zahl der Todesfälle in verschiedenen ethnischen Gruppen kurz vor und während hoher Feiertage dieser Gemeinschaften. Ein Ausgleich ergab sich durch ein Ansteigen der Sterbeziffern unmittelbar nach diesen kurzen Zeiten, in denen die Familien der jeweiligen Religionszugehörigkeit üblicherweise zusammenkommen.

Andererseits wurde inzwischen sogar beim Magengeschwür nachgewiesen, daß es im wesentlichen durch eine Infektion verursacht ist, und daraufhin die Behandlung mit großem Erfolg geändert. Erkältungen führt man schon lange auf Viren zurück. In einer US-amerikanischen Untersuchung wurde nun ein Zusammenhang sowohl mit der Menge der Viren als auch mit der Selbstbeurteilung der psychosozialen Belastung vor der Infektion nachgewiesen. Wenn Sie also Husten, Schnupfen und Halsweh vermeiden wollen, tun Sie gut daran, Ansteckungsquellen aus dem Wege zu gehen **und** sich zu schonen. Wenn das aber nicht möglich war und es Sie nun doch erwischt hat, lassen Sie sich nicht einreden, daß Sie wohl krank werden wollten, nicht zum Konzert hätten gehen sollen etc. Selbst wenn Sie gar nicht **so** böse sind, kurzfristig pausieren zu dürfen, beweist das nicht, daß Sie absichtlich krank wurden. Außerdem wird es meist sehr schnell langweilig im Bett, und das Lesevergnügen wird durch die Symptome der Infektion ziemlich verdorben.

Am anderen Ende des Schweregrad-Spektrums häufiger Erkrankungen stehen Krebserkrankungen, denen ebenfalls gern in Bausch und Bogen eine psychische Ursache unterstellt wird, was leicht im Sinne von „selbst schuld" und „hätte anders leben sollen" gemeint und/oder verstanden wird. Ganz abgesehen davon, daß inzwischen nachgewiesen ist, daß es keine „Krebspersönlichkeit" gibt, tut man mit solchen Behauptungen niemandem einen Gefallen. Das soll aber keineswegs heißen, daß nicht eine psychologische Unterstützung durchaus auch zur körperlichen Besserung oder Heilung beitragen kann und selbst dann ein sinnvolles Angebot ist, wenn es vorwiegend um den Umgang mit der fortschreitenden Krankheit und dem Sterben geht.

In allen Fällen fraglicher Schuld tun Sie sich und anderen einen Gefallen, wenn Sie rückwärtsgewandte Kritik vermeiden und sich auf Verbesserungsideen für Gegenwart und Zukunft konzentrieren.

Kapitel 10
Verallgemeinerungen und Überbewerten, wenn etwas schiefgeht, und der Umgang mit wirklichen Schicksalsschlägen

Fehler unterlaufen uns allen, aber wir gehen mit dieser Tatsache unterschiedlich um. Menschen, die zu Depressionen neigen, verallgemeinern schnell, besonders Unerfreuliches. Beweist aber ein einzelnes Ungeschick, daß Sie es nie richtig machen werden? – Es passiert Ihnen immer wieder, daß Sie Aufgaben übernehmen, die Ihnen eigentlich zuviel sind. – Immerhin, Sie merken es jetzt. – Aber immer zu spät. – Wirklich immer, oder nur meistens, häufig, manchmal? Vielleicht verkürzt sich wenigstens die Zeit zwischen einer Zusage und der Feststellung, daß Sie weder Zeit noch Lust und auch keinerlei Veranlassung haben, sich auch dazu noch zu verpflichten. Dann können Sie hoffen, in Zukunft gleich einen Rückzieher zu machen, wenn es Ihnen doch nicht paßt bzw. von vornherein keine Hilfe anzubieten bzw. eine Bitte abzuschlagen.

Glauben Sie, niemand liebt Sie, wenn Sie nach drei Versuchen niemanden gefunden haben, der mit Ihnen ins Kino geht? – Sie haben die Woche über hart gearbeitet und waren abends nach einem langem Tag voll intensiver Gespräche mit anderen Menschen froh, Ihre Ruhe zu haben. Samstag konnten Sie endlich einmal ausschlafen und halbwegs gemütlich einkaufen. Erst nach dem Mittagessen und etwas Zeitungslektüre waren sie wieder so weit erholt, daß Sie sich vorstellen konnten, abends auszugehen, vielleicht in den Film, dessen überschwengliche Kritik Sie gerade gelesen hatten. Als erste riefen Sie Ihre beste Freundin an. Die mußte unbedingt für eine Prüfung am nächsten Montag lernen. Dann versuchten Sie es bei einer besonders netten Kollegin. Die ging gar nicht erst ans Telefon. Schließlich fragten Sie ihre Nachbarin. Aber die war von einem neuen Bekannten zum Abendessen eingeladen worden. „Die hat's gut. Mich mag ja keiner", dachten Sie dann und verloren den Mut, noch ein paar Nummern zu wählen. Aber überlegen Sie mal: Würden Sie riskieren, durch ein Examen zu fallen, weil Ihre beste Freundin zwei Tage vorher mit Ihnen ins Kino gehen möchte? – Halten Sie es für möglich, daß die nette Kollegin nur den Hörer nicht abnahm, weil sie geraten hat, daß Sie gerade anriefen? Ist es nicht sehr viel wahrscheinlicher, daß sie nicht zu Hause war? – Und würden Sie die Einladung eines neuen Bekannten absagen, um mit Ihrer Nachbarin einen Film anzusehen? Wie wäre es, wenn Sie spätestens Mitte der Woche Unternehmungen mit Ihren Freunden und Bekannten planen würden? Dann stünden Ihre Chancen besser, und Sie könnten das Telefonieren auf mehrere Abende verteilen. Das böte Ihnen vielleicht sogar etwas Entspannung, und das Risiko, dreimal hintereinander Pech zu haben, wäre wahrscheinlich geringer.

Ein anderes Beispiel für Verallgemeinerungen, die Selbstwertgefühl und Stimmung beeinträchtigen, ist folgendes: Sie gehen in ein Restaurant und versuchen zu bestellen. Erst zitiert ein Mann am Nebentisch, der nach Ihnen eintraf, den Kellner energisch herbei. Dann wird hinter Ihnen eine Dame bedient, die noch später kam. Ihre Schlußfolgerung: Ich bin so unbedeutend und wertlos, daß mich jeder übersieht. Bevor Sie weiterlesen, versuchen Sie selbst, Gegenargumente zu finden.

Wie wäre es mit diesen?

- Der Mann am Nachbartisch hat sich unverschämt vorgedrängt. Der Kellner hat das zugelassen, weil er meist den Weg des geringsten Widerstands wählt.
- Der Kellner ist kurzsichtig.
- Der Kellner hat den Überblick verloren.
- Die Dame hinter Ihnen wurde von einem Kellner bedient, in dessen Zuständigkeitsbereich sonst nichts anlag.
- Oder sie war eine Bekannte des Kellners, die er deshalb bevorzugt hat.
- Vielleicht haben Sie wirklich nicht deutlich genug auf sich aufmerksam gemacht und könnten Ihre Selbstsicherheit und Ihr Durchsetzungsvermögen verbessern (Teil II, Kapitel 13). Das heißt aber noch lange nicht, daß Sie unbedeutend und wertlos sind.

Überzogene Bewertungen eines Mißgeschicks können ebenfalls zu Ihrer Depression beitragen. Natürlich ist es ärgerlich, wenn Sie zu spät kommen. Wenn Sie nicht rechtzeitig aufgebrochen sind, beschimpfen Sie sich wahrscheinlich ausgiebig selbst. „Ich komme aber auch nie pünktlich" (eine Verallgemeinerung, die zu überprüfen wäre). „Ich hasse mich für meine ewige Unpünktlichkeit." Reicht es nicht, wenn Sie sich über die Unpünktlichkeit ärgern und nicht gleich Ihre ganze Person hassen? Kamen die Freunde, die jetzt auf Sie warten, nie zu spät zu einem Treffen? – Tatsächlich? Mögen Sie sie deshalb besonders gern, oder fühlen Sie sich eher eingeschüchtert von diesen untadeligen Menschen? Verzeihen Sie es anderen, wenn sie unpünktlich sind? – Wirklich nicht? – Vielleicht würden Sie durch etwas mehr Milde gegen andere und sich selbst beliebter. Könnten Sie sich besonders nett für die Verspätung entschuldigen, indem Sie die Getränke beim gemeinsamen Abendessen oder nach der Vorstellung bezahlen oder den Gastgebern eine Kleinigkeit schenken, die Sie aber erst später besorgen, damit Sie nicht noch unpünktlicher kommen? Fehler macht jeder, und Sie erwarten von anderen doch auch nur, daß sie sich darum bemühen, sie zu vermeiden und – wenn dies nicht gelingt – sich dafür entschuldigen und sie wiedergutzumachen versuchen.

Es spricht natürlich auch nichts gegen rationale Manöverkritik. Vielleicht haben Sie den Wecker ja tatsächlich zu spät gestellt, zu lange herumgetrödelt oder nicht rechtzeitig eingepackt, was Sie mitnehmen wollten. Oder Sie sind doch noch zum Telefon gegangen, als Sie schon im Mantel waren. Es spricht nichts dagegen, dies beim nächsten Mal anders zu machen. Wenn dies nicht gleich gelingt oder Sie nach einiger Zeit wieder zu knapp aufbrechen, haben Sie erneut die Gelegenheit zu überlegen, wie Sie es besser machen können. Aber all das ist keine Katastrophe und auch nicht auf unabänderliche Charaktereigenschaften zurückzuführen, die Sie als Person entwerten. Es geht lediglich um Verhaltensweisen, die Sie – nach und nach und immer wieder – verändern können, wenn Sie ausreichend motiviert sind.

Wenn Sie in Zukunft darauf achten, werden Ihnen wahrscheinlich entmutigende Verallgemeinerungen und Übertreibungen auffallen. Damit diese nicht zu sich selbst erfüllenden Prophezeiungen werden, überprüfen Sie (mit Ihrem Helfer), ob sie zulässig sind. Mehr dazu im nächsten Kapitel.

Auch wirklich schlimme Ereignisse (Todesfall, schwere Krankheit, Trennung, Arbeitsplatzverlust, etc., d. h. die in Teil I, Kapitel 4, beschriebenen belastenden Lebensereignisse) müssen keineswegs zwangsläufig zu Depressionen führen, auch wenn sie (angemessene) Trauer, Ärger und Enttäuschung nach sich ziehen (siehe auch Teil I, Kapitel 1). Das hängt wiederum davon ab, ob Sie aus diesem Schicksalsschlag schließen, daß Ihr Leben nunmehr unwiderruflich zerstört ist und Sie sich niemals mehr über irgend etwas werden freuen können. Tatsächlich jedoch betrifft ein belastendes Ereignis kaum jemals alle Bereiche Ihres Lebens gleichermaßen. Überlegen Sie, was Ihnen trotz des Schicksalsschlages bleibt, und nutzen Sie Ihre Stärken. Seien Sie stolz auf sich, wenn Sie eine solche Belastung bewältigen.

Dazu ein Beispiel aus meiner Praxis: Ein erfolgreicher Geschäftsmann in den besten Jahren – verheiratet, zwei Kinder, eigenes Haus in ruhiger Wohnlage – kam wegen einer Depression zu mir. Er hatte schon erwogen, mit dem Auto gegen einen Baum zu fahren und trank und rauchte mehr als sonst. Seine von ihm als sehr attraktiv und als seine große Liebe geschilderte Frau hinterging ihn nicht nur mit einem anderen Mann, sondern belog ihn auch, wie er durch Nachforschungen herausgefunden hatte. Seine Selbstachtung war am Boden zerstört. Wenn seine Frau ihn nicht mehr liebte, sondern ihm einen anderen vorzog, dann konnte er doch nichts wert sein und schon gar nicht für Frauen attraktiv. Hinzu kam die Wut, so unfair von ihr behandelt worden zu sein, er, der sie nie betrogen und der Familie ein Leben im Wohlstand ermöglicht hatte. Das führte zu Ausbrüchen vor seinen Kindern, die er sehr bedauerte, aber mit Willenskraft allein nicht verhindern konnte. Wir überlegten gemeinsam, daß sein Wert als Mensch und seine Anziehungskraft als Mann wohl kaum am Verhalten einer einzigen Frau zu messen seien. Wir versuchten zu verstehen, wie es zu dieser Entwicklung gekommen war. Seiner Vermutung, daß sie ihn nicht mehr liebe und daß dies an ihm liege, daß sie außerdem ein „verlogenes Biest" sei und er sie nie hätte heiraten sollen, stellten wir folgende Hypothese entgegen: Er war beruflich so überlastet, daß er abends erschöpft nach Hause kam. Sie hatte die Aufgabe der eigenen Karriere anfangs durch intensive Teilnahme an seinen Aktivitäten in der Firma kompensiert, in der früher auch sie tätig gewesen war. Außerdem waren seinerzeit die Kinder klein, danach der Hausbau ein ausfüllendes und die Ehepartner verbindendes Unterfangen. Inzwischen hatte sie wenig zu tun und kaum noch Gesprächspartner aus der sie so interessierenden Geschäftswelt. Als sie sich kennenlernten, war der sexuell unerfahrene junge Mann von der lebenslustigen Frau sehr angezogen und bereit zu übersehen, daß sie weniger strenge Moralvorstellungen hatte als er. Jetzt, als diese Vorstellungen sich für ihn nachteilig aus-

wirkten, änderte sich das. In seiner Enttäuschung bewertete er zunächst die gesamte Ehe als Fehlschlag, konnte aber nach einigen Diskussionen anerkennen, daß viele der gemeinsam verlebten Jahre glücklich gewesen waren, er die wohlgeratenen Kinder liebte und sich der Faszination durch seine Frau nur nach und nach entziehen konnte, weil ihm nach dem Vorgefallenen die Vertrauensbasis für ein weiteres Zusammenleben fehlte und sie ohnehin nicht von ihrem Liebhaber lassen wollte.

Das hieß für ihn aber bald nicht mehr, daß damit sein Leben nicht mehr der Mühe wert wäre. Einige Zeit später begann sich in ihm sogar ein leises Interesse für eine andere Frau zu regen, was er zu Beginn der Behandlung kategorisch ausgeschlossen hatte – eine für Depressive typische falsche Voraussage, gespeist aus der augenblicklichen Stimmung, die verabsolutiert wird, und dem Alles-oder-nichts-Denken: „Meine erste große Liebe oder gar keine!"

Auch wenn es Ihnen zunächst merkwürdig vorkommt: Denken Sie auch einmal darüber nach, welche Vorteile der Schicksalsschlag mit sich bringen könnte. Eichendorff formulierte dies in einem seiner Gedichte (von dem ich hier nur einen Ausschnitt zitiere) so:

„Du bist's, der, was wir bauen,
Mild über uns zerbricht,
Daß wir den Himmel schauen –
Darum so klag' ich nicht."[2]

Es geht mir nicht darum, Sie zum Glauben dieses Dichters zu bekehren. Ob Sie sich unter dem „Du" den christlichen Gott, eine Göttin, Allah oder das Schicksal vorstellen, scheint mir im Zusammenhang dieses Selbstbehandlungsbuches nicht entscheidend. Wohl aber der Gedanke, daß selbst ein erheblicher Schicksalsschlag die Chance für einen Neubeginn, ein grundlegendes Umdenken, ein Überprüfen Ihrer Anschauungen und Wertvorstellungen bietet.

Ein Beispiel dafür, daß auch große Enttäuschungen und Belastungen zu erfreulichen Entwicklungen führen können, liefert Familie L., deren inzwischen erwachsene Tochter von Geburt an schwerstbehindert ist. Durch sie lernten ihre Eltern mehrere andere Familien kennen, die ebenso liebevoll mit einem behinderten Kind umgehen. Mit

---

[2] Joseph von Eichendorff: Ausgewählte Werke, Berlin (Tempel) 1963, S. 294.

den so gewonnenen, äußerst vertrauten und verläßlichen Freunden verbringen die L.'s seit vielen Jahren Ferien und andere schöne Stunden, die sie keinesfalls mehr missen möchten.

Belastende Lebensereignisse erhöhen zwar erfahrungsgemäß das Risiko für eine Depression (Teil I, Kapitel 4), aber sie führen nicht zwangsläufig zu einer solchen Erkrankung. Entscheidend ist unser Umgang mit dem, was uns zustößt. *Ich selbst hege tiefste Bewunderung für eine Verwandte, die nach der Vertreibung von ihren Gütern nach dem Krieg nicht nur beengt und ärmlich lebte, sondern obendrein im Alter von 17 Jahren unverschuldet bei einem Verkehrsunfall ein Bein verlor. Anstatt zu verbittern, wurde sie Krankengymnastin, später Künstlerin und feierte ihren 75. Geburtstag trotz häufiger Phantomschmerzen und Problemen mit ihrer Prothese mit vielen Freunden und Verwandten, weiterhin lebenslustig, geliebt, geachtet, aktiv und kreativ.*

Als Jugendliche konnte ich mir nicht vorstellen, daß dem Leben im Alter oder während einer Krankheit viel abzugewinnen sei. Wie sich die Ansprüche auch in kürzester Zeit den Gegebenheiten anpassen, erlebte ich dann, bevor ich 20 Jahre alt war. Der erste, kurze, humpelnde Spaziergang nach dem durch einen Unfall bedingten Hausarrest ist mir noch lebhaft in Erinnerung: Selten habe ich so dankbar die Sonne in meinem Gesicht und den Blick durch einen Zaun in eine Kleingarten-Kolonie genossen. Später erlebte ich nach einer Operation, wie köstlich selbst Haferschleim nach einigen Tagen ohne Essen schmecken kann und daß mein Leben bei stark reduzierten Kräften durch Besuche, Anrufe, Post, Blumen und den Blick aus dem Fenster durchaus erfüllt und ich glücklicher als in manchen Zeiten ohne gesundheitliche Beeinträchtigung und mit wesentlich mehr Abwechslung war.

Andererseits beobachte ich in meiner Praxis, wie schwierig es sein kann, eine Erkrankung zu akzeptieren, wenn die eigene Leistungsfähigkeit in Beruf und Haushalt Grundlage der Selbstachtung ist und Hilfsbedürftigkeit als Scheitern erlebt wird. Anderen wird Unterstützung großzügig gewährt, aber sich selbst nicht zugestanden. Gerade wenn Sie sich selbst durch Geben bereichert, vielleicht auch – uneingestanden – in einer Position der Stärke fühlen, wäre es doch für alle Beteiligten von Vorteil, wenn Sie auch anderen dazu Gelegenheit gäben, d. h. zu nehmen bereit wären.

Kapitel 11
Automatische Gedanken erkennen und durch positive Gedanken ersetzen

In den letzten beiden Kapiteln haben Sie erfahren, wie Sie kleinen Mißerfolgen ihre bedrückende und lähmende Wirkung nehmen können, indem Sie sich klarmachen, daß sich daraus keine umfassenden Rückschlüsse auf Ihre Person oder Zukunft ziehen lassen. Nun kommt es noch darauf an, diese Gedankenfallen und Selbstabwertungen zu identifizieren. Versuchen Sie doch einmal, wie von selbst unkontrolliert ablaufende Gedanken wie „Das schaffe ich nie", „Ich Idiot!", „Nie finde ich etwas", „Immer verfahre (-laufe) ich mich", „Ich sehe ja wieder unmöglich aus", „Nie kann ich mich beherrschen", „Immer kocht alles über", „Ich kann nicht mehr" usw. zu registrieren.

Vielleicht führen Sie einen Tag lang eine Strichliste, um eine ungefähre Vorstellung von der Häufigkeit Ihrer automatischen Gedanken zu bekommen. Obwohl Sie wahrscheinlich den einen oder anderen Strich vergessen, werden Sie vermutlich dennoch erstaunt sein, wie häufig Sie sich selbst beschimpfen und den Mut nehmen. Sie können diesen Versuch auch wiederholt durchführen und hoffentlich beobachten, wie die Zahl solcher Selbstbeschimpfungen abnimmt. Schreiben Sie Ihre automatischen Gedanken auf und überdenken Sie sie (gemeinsam mit Ihrem Helfer oder Ihrer Helferin). Finden Sie Gegenargumente.

Ein Beispiel: „Das schaffe ich nie." – Mögliche Gegenargumente: „Ich habe es ja noch gar nicht probiert." – „Ich kann es vielleicht nicht auf Anhieb. Aber es ist noch kein Meister vom Himmel gefallen, und ich kann ja sehen, wie gut es mir gelingt." – „Es wird sicher anstrengend, aber ich habe schon ähnliche Situationen überstanden." – „Nichts ist so schlimm wie die Angst davor." – „Man hätte mir den Auftrag kaum erteilt, wenn man mir diese Aufgabe nicht zutrauen würde." – „Wenn ich nicht von mir verlange, es absolut perfekt zu machen, ist es eigentlich eine interessante Herausforderung." – „Falls ich es wirklich nicht schaffe, befinde ich mich in guter Gesellschaft und hatte immerhin den Mut anzufangen." – „Falls ich die Prüfung nicht gleich im ersten Anlauf bestehe, gibt es Wiederholungstermine, weil es anderen ebenso geht." – „Wenn ich wirklich aus der Puste komme, kann ich den Rest gehen, während die anderen weiter joggen. Auf jeden Fall bewege ich mich etwas an der frischen Luft." – „Andere Leute haben auch Angst, öffentlich zu sprechen. Ich mag meine Freundin kein bißchen weniger, weil sie sich letzte Woche beim Referat vor Aufregung mehrmals versprochen hat. Eigentlich waren alle sehr verständnisvoll und haben sie für den Inhalt gelobt." – „Ich rechne mir aus, wieviel ich täglich schaffen muß, um termingerecht abzugeben. Dann fange ich gleich heute an und sehe, wie weit ich komme. Wenn irgend möglich, halte ich mein Pensum ein und arbeite vielleicht sogar ein bißchen vor, gönne mir aber auch jeden Tag Zeit zum Ausspannen. In kleine Portionen aufgeteilt, sieht es schon gar nicht mehr so bedrohlich aus."

Versuchen Sie, Ihre sich selbst abwertenden und entmutigenden automatischen Gedanken durch positive Selbstinstruktionen zu ersetzen, wie: „Das schaffe ich glatt", „Eins nach dem anderen" und schließlich „Gut gemacht!"

Üben wir noch ein bißchen weiter, Argumente gegen Selbstbezichtigungen zu finden: „Das ist zwar ärgerlich, das hätte ich besser machen können, aber ein Idiot bin ich deshalb noch lange nicht", „Dies war also offensichtlich die falsche Entscheidung. Ich werde daraus lernen", „Solche Beschimpfungen erlaube ich mir anderen gegenüber auch nicht, selbst wenn ihnen ein Fehler unterlaufen ist". Als schnelles Gegengift gegen die Selbstbeschimpfung könnten Sie vielleicht zu sich sagen: „Fehler machen wir alle."

Fürchten Sie sich vor einer Party, auf der Sie kaum jemanden kennen? Dann könnte Ihr automatischer Gedanke etwa so lauten: „Das wird bestimmt wieder furchtbar. Mir fällt garantiert nichts zu sagen ein." Dann fragen Sie sich doch: „Woher will ich wissen, wie es wird? Warum muß ich das Gespräch eröffnen? Gute Zuhörer sind meist beliebter als die, die etwas besonders Originelles sagen. Ich muß nicht unbedingt neue Leute kennenlernen und muß auch niemanden beeindrucken."

„Ich sehe ja wieder unmöglich aus." – „Was heißt hier wieder? Gestern hat noch jemand gesagt, daß mir die neue Haarlänge gut steht." „Zu einer Karriere als Model hat es zwar nie gereicht. Aber wer will denn schon von Salat und Magerjoghurt leben?", „Jetzt habe ich zwar keine Zeit mehr. Aber heute abend schaue ich mal in meinen überfüllten Schrank und finde sicher etwas Hübsches, das ich lange nicht getragen habe." „Man selbst sieht Pickel und Falten immer viel genauer als alle anderen." Selbstinstruktion: „Wer mich mit Pickeln (Falten, Ringen unter den Augen, großer Nase etc.) nicht mag, für den wär' ich ohne Pickel (Falten, Ringe unter den Augen, mit kleiner Nase usw.) auch viel zu schade."

„Ich kann nicht mehr." – Sie fühlen sich am Rande Ihrer Kräfte, und es ist gut, daß Sie registrieren, daß es Ihnen zuviel wird, bevor Sie einen Herzinfarkt erleiden oder eine andere durch Überlastung bedingte Krankheit entwickeln. Sie können abwägen, was dafür spricht, sofort aufzugeben oder Ihr Vorhaben zu Ende zu bringen. Außerdem gibt es viele Möglichkeiten dazwischen, wie: „Ich sollte möglichst bald eine Pause einlegen", „Ich muß mich auf das Wesentliche konzentrieren und habe derzeit keine Kraft für weniger Wichtiges", „Ehe ich ganz zusammenklappe, erlaube ich mir ein etwas langsameres Tempo" oder – in extremen Situationen – „Einen Augenblick kann ich es noch aushalten", „Man braucht immer nur einen Tag auf einmal zu leben".

Falls Sie nicht gern nur mit Beispielen arbeiten, können Sie sich auch anhand folgender Liste von typischen Denkgewohnheiten depressiver Menschen selbst auf die Schliche zu kommen versuchen. Sie ist – wie manches andere in diesem Buch – stark Aaron Becks kognitivem Ansatz verpflichtet. Becks Grundthese ist, daß Gefühle auf Gedanken und Depressionen auf Denkfehler zurückgeführt werden können. Ihre Behandlung besteht damit in erster Linie im hartnäckigen Hinterfragen ungeprüfter und selbstschädigender Annahmen und Einstellungen, deren sich die Betroffenen meist nicht bewußt sind. Genaueres finden Sie im Selbstbehandlungsbuch von Burns (siehe Anhang).

Ich bin gar nicht sicher, ob Depressionen wirklich mit verzerrtem Denken beginnen und sich daraus die entsprechenden Gefühle ergeben. Ob zuerst das Huhn oder das Ei existierte, scheint mir aber auch für Ihre Genesung von untergeordneter Bedeutung. Ich halte eine Wechselwirkung für am wahrscheinlichsten und eine Unterbrechung des Teufelskreises für entscheidend. Da die Korrektur von Denk- und Wahrnehmungsfehlern eine erwiesenermaßen wirkungsvolle, risiko- und nebenwirkungsarme Behandlung darstellt, kann ich sie nur wärmstens empfehlen.

1. **Schwarz-Weiß-Denken**: Was nicht perfekt ist, kann gar nichts wert sein. Wer Sie nicht begehrt oder vergöttert, mag Sie nicht. Sie idealisieren andere und fühlen sich minderwertig neben ihnen oder verachten und mißtrauen Ihren Mitmenschen, was das Leben auch nicht gerade erfreulicher und einfacher macht. Dazu gehört auch die Neigung zum Über- und Untertreiben. Denn nur durch Überbewertung des Schwarz- und Unterbewertung des Weißanteils oder umgekehrt kann man von den tatsächlichen Grauschattierungen des Lebens zu harten Kontrastbildern gelangen. Ihrer depressiven Stimmung entsprechend sehen Sie „schwarz", was Sie können/tun/haben und „weiß" den (scheinbaren) Erfolg und das (vermeintliche) Glück anderer.

2. **Voreilige Schlußfolgerungen**: Sie meinen zu wissen, was andere über Sie denken und fühlen, ohne diese – meist unerfreulichen – Hypothesen zu überprüfen. Beispielsweise folgern Sie aus dem Ausbleiben einer Antwort auf Ihren Brief, daß Sie dem Angeschriebenen wenig wert sind, ohne je zu überprüfen, ob Ihre Nachricht überhaupt eingetroffen ist.

3. **Selektive Wahrnehmung**: Keiner kann alles gleich intensiv aufnehmen. Meist fällt einem genau das auf, was einen interessiert, zur augenblicklichen Stimmung paßt oder das eigene Vorurteil bestätigt. Mütter hören meist sogar im Schlaf oder trotz vieler anderer Geräusche ihr Baby schreien. Selbst Schwerhörigen entgeht es selten, wenn ihr Name fällt. Erst als ich vor einem Geschäft stand, das ich in den Gelben Seiten gefunden hatte, merkte ich, daß ich schon oft daran vorbeigefahren war. Bis dahin hatte ich nichts aus diesem Laden gebraucht und mich für sein Angebot nicht interessiert. Wenn in der Zeitung erwähnt wird, daß ein Ausländer eine Straftat begangen hat, registrieren Fremdenfeindliche, was ohnehin ihren Erwartungen entspricht. Depressive nehmen wahr, was mit ihren negativen Erwartungen an sich selbst, ihre Umgebung und ihre Zukunft übereinstimmt: jeden Fehler, jede Ungerechtigkeit und schlechte Nachrichten über die wirtschaftliche Entwicklung. Lob und eigene Leistung werden abgewertet oder übersehen, Fairneß als Selbstverständlichkeit abgetan und gute Prognosen für unglaubwürdig befunden oder überhört. Dieses allgemeine Phänomen wird zum Verhängnis, wenn Ihre Stimmung mies und Ihre Vorurteile gegenüber Ihrer

eigenen Person, dem Leben im allgemeinen und der Zukunft im besonderen äußerst abwertend und pessimistisch sind. Sie nehmen dann nur wahr, was Ihre Erwartungen bestätigt und ignorieren alles Erfreuliche. Der Einfluß der aktuellen Stimmung auf die Erinnerung (Teil II, Kapitel 12) scheint ähnlichen Gesetzen zu folgen. Meine Großmutter schrieb mir in mein Poesiealbum: „Mach es wie die Sonnenuhr, zähl die heitren Stunden nur." Depressive tun genau das Gegenteil.

4. **Gefühlsmäßige Beweisführung**: Wir sind es gewohnt, das, was wir hören, sehen oder auf andere Weise wahrnehmen, auch für wahr zu halten. Sie werden sich – wenn überhaupt – nur bei sehr unwahrscheinlichen Ereignissen fragen, ob Sie träumen oder einer optischen Täuschung oder Fehlinterpretation von Geräuschen, Gerüchen oder anderen Sinneswahrnehmungen aufsitzen. Ähnlich blind vertrauen viele Depressive ihren Gefühlen: Ich fühle mich als Versager, schlechter Mensch, hoffnungsloser Fall, also muß ich es auch sein. Stellen Sie sich vor, was jemand, den Sie respektieren, dazu sagen würde, nicht aus Höflichkeit oder Rücksichtnahme, sondern wirklich aufgrund der Fakten. Oder drehen Sie den Spieß um: Wie würden Sie urteilen, wenn Ihrer Freundin der Mann wegläuft, sie durch eine Prüfung fällt, nicht immer engelsgleich und ausgeglichen ist? Sicher wäre Ihr Urteil nicht: So unattraktiv und schwierig wie sie ist, wundert das niemanden, und sie wird auch nie einen anderen finden. So faul und dumm, wie sie ist, wundert mich das nicht. Sie sollte sich wirklich zusammenreißen und allen Familienmitgliedern jeden Wunsch von den Augen ablesen – und natürlich erfüllen. Kommt Ihnen das nicht absurd vor? Warum gehen Sie mit sich selbst um, wie Sie es mit anderen nie tun würden?

5. **Zwang erzeugen**: Fast jede Arbeit läßt sich nahezu vergnüglich verrichten, solange es freiwillig ist. Erinnern Sie sich an Tom Sawyer? Er sollte einen Zaun streichen und hatte keine Lust dazu. Also behauptete er seinen Freunden gegenüber, daß diese Aufgabe ein Privileg sei, für das man teuer zahlen müsse. Die kleinen Jungen rissen sich um Farbe und Pinsel und waren bereit, den kostbaren Inhalt ihrer Hosentaschen dafür aufzuwenden. Als das Werk vollendet war, hatte Tom keinen Finger gerührt, aber eine eindrucksvolle Sammlung von Murmeln und ähnlichen Habseligkeiten in seinen

Besitz gebracht. Wenn Sie Ihren Kindern Nachtisch zur Belohnung für den Verzehr des Hauptgangs versprechen, werden sie Eis und Pudding immer mehr lieben und eine gesunde, gemischte Kost zunehmend ablehnen. Würden Sie Salat oder Gemüse als Anreiz einsetzen, stiege die Attraktivität dieser Nahrungsmittel. Das jedenfalls ist – kurz zusammengefaßt – das Ergebnis einer wissenschaftlichen Untersuchung. Versuchen Sie es also so einzurichten, daß Sie sich selten zwingen, sondern lieber motivieren, etwas zu tun. Den segensreichen Wechsel zwischen unterschiedlichen Tätigkeiten habe ich bereits angesprochen (Teil II, Kapitel 6). Dazu noch ein Beispiel: *Durch einen schweren Autounfall ihrer Familie war Annettes Vorbereitungszeit auf eine wichtige Prüfung stark verkürzt. Sie beschloß, dennoch anzutreten. Falls sie durchfiele, wäre ja nicht sie schuld, sondern der Fahrer des Wagens. Außerdem entschied sie sich, nicht länger zu arbeiten, als sie sich wirklich konzentrieren konnte. Das hieß, daß sie – äußerst dankbar für die Unterbrechung – nach etwa einer Stunde mit rauchendem Kopf über den Büchern genußvoll Schuhe putzte, einen heiklen Wollpullover wusch etc. – Tätigkeiten, die sie sonst verachtete. Ausreichend Schlaf ohne Wecker mittags und nachts meinte sie der Erhaltung ihrer Arbeitskraft schuldig zu sein, ebenso ausreichend körperliche Bewegung, Tapetenwechsel und Entspannung. Sie ging also bis wenige Tage vor dem Examen jeden Abend zu Fuß in die Innenstadt, sah sich einen Film an oder dergleichen. Auf diese Weise waren die Wochen intensiven Lernens keine Strafe, und sie bestand die Prüfung mit „gut“.* Übrigens: Das Ergänzen innerer durch äußere Zwänge bewirkt eher Trotz als Gesundung. „Du solltest dies und du müßtest das tun“, sagen sich die meisten Depressiven ohnehin selbst und nehmen sich damit die letzte Lust, tatsächlich aktiv zu werden.

6. **Abstempeln**: In Kindererziehung, Personalführung, Umgang mit Ihrem (Ehe-) Partner und anderen Bereichen ist es äußerst wichtig, konstruktive Verbesserungsvorschläge für ein spezifisches Verhalten anzubieten, statt die ganze Person zu kritisieren. Ihre Tochter hat Kakao über die nagelneue, weiße Leinentischdecke gekippt. Der Ausruf „Du geborenes Trampeltier!“ würde sicher das Verhältnis zu ihr nicht gerade verbessern und das tatsächlich etwas tolpatschige Mädchen weiter verunsichern, so daß Sie froh sein können, wenn sie nicht aus Scham und Wut gleich noch beim Abdecken das Tablett

fallen läßt. Wenn Sie schon im voraus sehen, daß der Kakao an einer riskanten Stelle steht, können Sie freundlich vorschlagen, ihn sicherer zu plazieren. Sie belasten dadurch nicht die Beziehung, helfen trotz ungeschickter Bewegungen Mißgeschicke zu vermeiden und vermiesen sich nicht die Freude an einem Kind, das weder böswillig noch dumm ist, sondern lediglich keine so vorzügliche Körperkoordination hat wie andere Kinder seines Alters. Ähnlich ist es im Umgang mit sich selbst: „Ich Idiot" hilft niemandem weiter. Überlegen Sie sich sofort eine Korrektur. Ich habe es in der letzten Zeit ausprobiert, um es Ihnen mit gutem Gewissen empfehlen zu können. Als ich gestern abend beim Abspeichern des gerade Geschrieben einen Fehler machte, beschimpfte ich mich automatisch in Gedanken. Ich korrigierte mich mit: „Es ist schon spät, ich bin müde, sollte dringend schlafen gehen und morgen frisch und konzentriert weiter arbeiten." Für mein häufiges Mich-Verlaufen oder -Verfahren hat mir Christine Windbichler 1995 einen sehr tröstlichen Spruch genannt: „Umwege erhöhen die Ortskenntnis." Das gilt übrigens auch im übertragenen Sinn, zum Beispiel für Ihren Weg aus der Depression und ewigen Selbstanklage. Je genauer Sie sich durch Ausprobieren selbst kennenlernen, desto besser werden Sie auf die Dauer mit sich umgehen können.

7. **Probleme auf sich beziehen**: Ihr (Ehe-)Partner ist schlechter Laune wegen Überarbeitung, Ärger im Büro, eines Defekts am Auto, weil er ein Morgenmuffel ist und der Tag noch nicht alt oder was auch immer. Jedenfalls ist er nicht gerade freundlich zu Ihnen. In Ihrer Neigung zu Schuldgefühlen denken Sie automatisch: „Was hab' ich denn jetzt schon wieder falsch gemacht?", „Bin ich (inzwischen) so unattraktiv, daß er nicht mehr mit mir reden will/mich kaum wahrnimmt/mein neues Kleid nicht bemerkt oder wieviel Mühe ich mir mit dem Kochen/Vorbereiten des Frühstücks gegeben habe?", „Mit mir kommt keiner lange aus. Ich werde bestimmt einsam alt werden". Ich hoffe, Sie bemerken, daß wir es hier auch mit **Schwarz-Weiß-Denken** und **übertriebener Verallgemeinerung** und **voreiligen Schlußfolgerungen** zu tun haben. Hinzu kommt aber, daß die Stimmung der anderen Person nicht Ihretwegen schlecht ist. Oder meinen Sie, die Liebe müßte auf immer und ewig so groß sein, daß üble Laune in Ihrer Gegenwart undenkbar ist? Das mag in Romanen so sein – besonders wenn die Heldin, wie etwa Manon Lescaut, jung und

noch sehr schön stirbt[3]. Die Wirklichkeit besteht aber zu einem großen Teil schlicht aus Alltag, und Sie tun gut daran, nur das persönlich zu nehmen, was wirklich Kritik an Ihnen ist. Denn an Ihrem Verhalten (und Denken) können Sie etwas verändern. Auf viele andere Bereiche des Lebens Ihres Partners haben Sie keinen Einfluß – und tun auch gut daran, nicht zu versuchen, sie zu kontrollieren –, auch nicht mit gut gemeinten, aber Abhängigkeiten schaffenden Hilfsangeboten.

[3] A. F. Abbé Prévost d'Exiles: Histoire de Manon Lescaut et du Chevalier Des Grieux, 1731.

Kapitel 12
Wie Ihre augenblickliche Stimmung auch Ihre Erinnerungen färbt

Wohlmeinende Mitmenschen haben beim Versuch, Sie aufzumuntern, vielleicht auch an bessere Zeiten in Ihrem Leben erinnert und gesagt, daß Sie sich nach dem Abklingen Ihrer Depression wieder ebenso Ihres Lebens freuen werden wie vor deren Beginn. Das war richtig, und dennoch trauen Sie diesen Voraussagen nicht. Das hat vermutlich mindestens zwei Gründe: Erstens **fühlen** Sie sich hoffnungslos und glauben deshalb, daß Sie tatsächlich nichts Erfreuliches mehr zu erwarten haben. Durch die in Teil II, Kapitel 10 und 11, dargestellten Denkgewohnheiten schließen Sie aufgrund unzulänglicher Belege, daß Sie wertlos sind, von niemandem geliebt werden, nie etwas richtig machen werden und deshalb realistischerweise resignieren müssen.

Zweitens können Sie sich gar nicht mehr recht an jene Freuden erinnern, die Ihre Freunde, Verwandten oder professionellen Helfer heraufzubeschwören versuchen. Vielleicht wissen Sie zwar, daß die angeführten Situationen keine Erfindung Ihrer Gesprächspartner sind. Aber Sie verstehen jetzt nicht mehr so richtig, was daran so wundervoll gewesen sein soll. Ja, da war dieses Fest, und Sie haben sich gut unterhalten und getanzt. Aber standen Sie nicht erst etwas hilflos herum? Waren die Gespräche nicht eitles Geschwätz und die Musik viel zu laut und Sie selbst total verschwitzt? – Oder der Beginn Ihrer Beziehung zu Ihrem derzeitigen Partner: Sie erinnern sich vage, sehr verliebt gewesen zu sein, können aber jetzt, da – vielleicht auch wegen ihrer Depression – wenig von der anfänglichen Begeisterung geblieben ist, beim besten Willen nicht mehr nachfühlen, was damals so beglückend schien.

Stimmt, Sie hatten beruflichen Erfolg. Da Ihnen aber jetzt Antrieb, Selbstvertrauen, Energie und Konzentration fehlen, schmeckt auch der Rückblick schal. Sie denken vielleicht sogar, man habe Sie überschätzt, als man Ihnen diese verantwortungsvolle Aufgabe übertrug. Auch den Hinweis auf Ihren Erfolg wehren Sie ab: So unfähig wie Sie sich jetzt fühlen, kann dieser – mit ihren heutigen, schwermütigen Augen betrachtet – nur Zufall oder Glück gewesen sein.

Versäumnisse, Fehlschläge und Entscheidungen, die sich als nicht sehr vorteilhaft erwiesen, drängen sich in den Vordergrund, wenn Sie auf Ihr bisheriges Leben zurückschauen. Verwechseln Sie dieses Zerrbild nicht mit einer getreuen Wiedergabe des Gewesenen. Unser Gedächtnis ist kein Archiv, in dem Fotos, Filme und Tonaufzeichnungen unverändert aufbewahrt werden. Erinnerungen unterliegen ständiger Bearbeitung und Veränderung durch späteres Erleben, Denken und Fühlen. Ich meine damit nicht bewußte Fälschung, sondern einen bei uns allen nachweisbaren Vorgang, der uns nicht unbedingt bewußt sein muß. So wurde beispielsweise in einem wissenschaftlichen Experiment gezeigt, wie sehr die augenblickliche Stimmung unsere Erinnerung beeinflußt. Man versetzte die Versuchspersonen durch Hypnose in eine heitere und zu einem anderen Zeitpunkt in eine traurige Gemütslage und stellte große Unterschiede zwischen den unter diesen Bedingungen zugänglichen Gedächtnisinhalten ein und derselben Person fest.

Deshalb ist auch Vorsicht dabei geboten, traurige Kindheitserinnerungen eines Depressiven als Beweis dafür zu nehmen, daß die ersten Lebensjahre dieses Menschen wirklich sehr überschattet waren. Fakten wie Tod, Trennung, Scheidung der Eltern, Geburt von Geschwistern, Wohnsitz- und Schulwechsel werden vermutlich auch nach der Genesung nicht anders angegeben. Aber die harmonischen Ferien bei den Großeltern fern der häuslichen Spannungen, der wirklich einfühlsame und faire neue Partner der Mutter, nicht nur die Eifersucht, sondern auch die Vertrautheit, Gemeinsamkeiten mit der absolut verläßlichen Schwester, der Garten nach dem Umzug von der Mietwohnung in das eigene Haus, die nette Lehrerin in der neuen Schule ergeben doch einen anderen Gesamteindruck.

Wie können Sie mit unangenehmen Erinnerungen umgehen? Wenn es sich um ein – vermeintliches – Vergehen Ihrerseits handelt, malen Sie sich doch eine Gerichtsszene aus, in der Ihr Fall verhandelt wird. Spielen Sie Ihren eigenen Verteidiger. Führen Sie mildernde Umstände an, und handeln Sie eine Wiedergutmachung aus. Vergessen Sie nicht: Fehler bieten Ihnen die Chance zu lernen.

Wenn Sie sich jetzt gar nicht mehr vorstellen können, daß Ihnen ein bestimmter Urlaub oder ein Fest gefallen haben soll, schauen Sie sich Fotos davon an. Sehen Sie nicht auf manchen so aus, als ob Sie fröhlich wären? – Ja, aber das kommt nie wieder. – Woher wollen Sie das wissen? Es fühlt sich jetzt vielleicht für Sie so an, ist aber äußerst unwahrscheinlich. Sie trauen sich derzeit fast nichts zu, beanspruchen aber prophetische Gaben, wenn Sie behaupten, Ihre Zukunft so genau zu kennen.

Haben Sie noch die Kopie eines Bewerbungsschreibens? Hatten Sie den Lebenslauf eines unfähigen Nichtsnutzes beigelegt? Oder stehen da vielleicht einige Ihrer Verdienste, Schul- und beruflichen Abschlüsse und Erfahrungen schwarz auf weiß, die Ihnen gerade entfallen waren? Vielleicht muntert es Sie ein bißchen auf, sie noch einmal durchzulesen und eventuell zu ergänzen.

Wenn Beate ein Stimmungstief hatte, fühlte sie sich schuldig, weil ihre erste Ehe „gescheitert" war. Ihre inzwischen erwachsene Tochter schien sich von der weit zurückliegenden Trennung ihrer Eltern bestens erholt zu haben. Jedenfalls war sie gut ausgebildet und glücklich verheiratet und kam mit dem ehemaligen und dem derzeitigen Mann ihrer Mutter aus. Diesem hätte nichts Besseres passieren können, als Beate zu heiraten, die ohne die Scheidung nicht frei gewesen und ohne die erste Ehe nicht die geworden wäre, die sie war. Wenn sie wieder fröhlich war, konnte sie dankbar sein für Ihre Tochter. Dann war ihr auch klar, daß sie die gegenwärtige Geborgenheit und Harmonie ohne ihre Erfahrungen nicht so bewußt schätzen würde. Umwege erhöhen eben nicht nur die Ortskenntnis, sondern auch die Freude, wenn Sie schließlich doch am Ziel sind.

Ähnlich ging es Susanne. Niedergeschlagenheit ließ bei ihr eine alte Wunde aufbrechen: Warum hatte sie nicht früher geheiratet und Kinder bekommen? Wenn sie wieder obenauf war, sah sie ihr Leben ganz anders: Sie hatte in Beziehungen gelebt, von denen sie keine missen wollte, die aber alle nicht von Dauer waren. Den Mann, mit dem sie sich jetzt schon seit Jahren bestens verstand und der den Mittelpunkt ihrer vielseitigen Aktivitäten bildete, lernte sie erst spät kennen. Es gab nichts zu bereuen. Als Hausfrau und Mutter an der Seite einer seiner „Vorgänger", wie er sie nannte, hätte sie sicher weniger Erfüllung gefunden und nicht so unendlich viel für andere bewirken können.

Manche Erlebnisse und Erfahrungen können Sie beim besten Willen nicht als bereichernd verbuchen. Da haben sie sicher recht. Aber wer – außer Ihnen selbst – zwingt Sie denn, sich diesen Horrorfilm immer wieder anzuschauen? Tun Sie es vielleicht noch einmal ganz bewußt, eventuell indem Sie mit Ihrem Helfer darüber sprechen oder sich die belastende Erinnerung von der Seele schreiben. Aber dann erweisen Sie sich selbst wahrscheinlich den größten Gefallen, wenn Sie sich wieder der Gegenwart und Zukunft zuwenden. Lassen Sie sich nicht einreden, Sie wollten nur verdrängen und man wisse seit Sigmund Freud, daß das schlecht für Sie sei. Das Beispiel einer als Mädchen mißbrauchten Frau, die während einer psychoanalytisch orientierten stationären Psychotherapie unter ihre Vergangenheit einen Strich zu ziehen lernte, finden sie in Teil II, Kapitel 20. Sie war danach wie verwandelt: strahlend, gelassen und viel weniger hart.

Kapitel 13
Selbstsicherheitstraining

Können Sie Ihre Wünsche und Bedürfnisse in angemessener Weise mitteilen? Schwanken Sie zwischen Schüchternheit und übertrieben forschem Auftreten, oder sind Sie meist zu unterwürfig? Üben Sie, sich besser durchzusetzen.

Wichtig ist bei Erwartungen an andere, daß man sie klar ausspricht und nicht einfach annimmt, daß sich dieses oder jenes von selbst verstehe. *Nehmen wir Philipp, einen pensionierten Kunsterzieher, der eigentlich ein Buch schreiben wollte, sich dann aber bei der Gründung eines Museums engagierte. Er schrieb aufwendige Anträge für öffentliche Gelder, was ihm keine Zeit für sein eigenes Projekt ließ. Als diese schließlich bewilligt und Mitarbeiter eingestellt wurden, ging er leer aus. Das empörte ihn, da er es für eine Frage von Fairneß hielt, ihn zu berücksichtigen, der doch durch harte, unbezahlte Stunden an seinem häuslichen Computer und spezielle Sachkenntnisse überhaupt erst Stellen geschaffen hatte. Er kündigte mir seinen Bericht über diese Enttäuschung mit Worten an, die mich fürchten ließen, bei ihm sei Krebs entdeckt worden oder er habe wegen seines Hauses große finanzielle Sorgen. Tatsächlich war für ihn eine Welt zusammengebrochen, nämlich die von ihm selbst konstruierte, in der seine Vorstellungen von Anstand Gültigkeit hatten. Es war ihm nie in den Sinn gekommen, daß andere Menschen in seiner Umgebung anderen Gesetzen gehorchen könnten, die ebenso ungeschrieben waren wie seine eigenen.*

Sie haben vielleicht ähnliche Vorstellungen von Gerechtigkeit wie Philipp und hegen deshalb Sympathie für ihn. Ich auch. Nur hilft es ihm nicht weiter, darauf zu beharren, daß die Wirklichkeit so sein solle, wie er sie sich denkt. Er täte sich eher einen Gefallen, aus dieser unliebsamen Überraschung zu lernen, daß er in Zukunft entweder an Zeit und Geld nur gibt, was er verschenken mag, oder genau auszuhandeln, was er als Gegenleistung erwartet. *Durch seine Wut war Philipp zunächst nicht bereit zu sehen, wie sehr die ehrenamtli-*

che Tätigkeit sein Frührentnerdasein bereichert hatte, daß er seine Erfahrung und sein Wissen einsetzen konnte, was allemal glücklicher macht, als sie brachliegen zu lassen, daß er an seinem neuen Wohnort Menschen mit ähnlichen Interessen kennengelernt hatte, wenn auch nicht nur solche, die charakterlich seinen Maßstäben genügten. Kurzum, er sah – wie viele Depressive – nur noch die Nachteile seiner Gutgläubigkeit. Vor lauter Jammern und Anklagen kamen wir schließlich zu spät zu einer Ausstellung, für die er eigens angereist war. So verdarb er sich nicht nur den Blick auf eine zunächst sehr erfüllte Zeit in der Vergangenheit, sondern auch noch einen Nachmittag in der Gegenwart.

Ein meines Erachtens angemessener Kompromiß zwischen Durchsetzung eigener Ansprüche und Rücksicht auf die schwierige Lage seines Chefs gelang Sebastian (aus Teil I, Kapitel 1 und 2), als es ihm wieder deutlich besser ging. An seinem dritten Ausbildungsplatz, dem von seinem ersten Ausbilder neu übernommenen Restaurant, leistete Sebastian viele Überstunden, deren Bezahlung ausstand. Wir besprachen, daß er seinen Chef bei einer passenden Gelegenheit, d. h. keinesfalls zwischen Tür und Angel und auch nicht, wenn dieser gehetzt oder mißgelaunt war, um ein Gespräch unter vier Augen in der nächsten Zeit bitten wollte. Weiterhin überlegte sich Sebastian, was er mindestens pro Überstunde verdienen wollte oder wann er statt dessen Urlaub nehmen könnte. Er war sich darüber im klaren, daß das Restaurant vermutlich noch ein Zuschußbetrieb und er selbst froh war, seine Ausbildung abschließen zu können. Bei der Unterredung bot sein Chef sofort einen höheren Überstundenlohn, als Sebastian sich erhofft hatte, bat aber darum, ihn erst ein gutes Vierteljahr später zahlen zu dürfen, worauf sich die beiden dann ohne jede Mißstimmung einigten.

Im vorangegangen Beispiel ging es um das Durchsetzen Ihrer Erwartungen an andere. Nun kommen wir zum Gegenstück, d. h. zum Umgang mit Kritik.

Nehmen wir an, Sie sind Vorgesetzter und eine Ihrer Mitarbeiterinnen beschwert sich, Sie hätten sie durch Ihren – gut gemeinten – Verbesserungsvorschlag sehr gekränkt. Auch hier ist wichtig, daß Sie Ihre automatischen Gedanken registrieren und erwidern lernen. In diesem Zusammenhang können **Schwarz-Weiß-Denken** („Entweder ich werde von allen jederzeit gemocht und respektiert, oder ich bin unbeliebt und habe keine Autorität"), **übertriebene Verallgemeinerung und voreilige Schlußfolgerungen** („Die Kritik meiner Mitarbeiterin zeigt, daß ich keine Führungsqualitäten habe. Also bin ich offensichtlich nicht richtig an diesem Arbeitsplatz"), **selektive Wahrnehmung** (Sie beachten nur die eine Beschwerde, nicht aber das sehr aufmerksame Geburtstagsgeschenk, den privaten Rat, den ihre Sekretärin vertrauensvoll gesucht hat, die Einladung zum Fest eines früheren Teammitglieds, die meist entspannte Atmosphäre am Arbeitsplatz etc.) und **Abstempeln** („Ich bin und bleibe ein schlechter Vorgesetzter") eine Rolle spielen.

Wenn Sie diesen Selbstbezichtigungen nichts entgegensetzen, werden Sie wahrscheinlich entmutigt/niedergeschlagen/hoffnungslos oder – um dies abzuwehren – wütend oder abwertend reagieren: „Was fällt dieser dummen Person eigentlich ein, mich zu kritisieren? Früher hätte sich das keiner getraut. Die kommt ja auch in ihrem Privatleben mit niemandem lange aus. So schwierigen Menschen wie der kann ich es unmöglich recht machen."

Wenn Sie aber rational mit sich selbst argumentieren, können Sie auch aus Kritik einen Vorteil für sich ziehen: „Offensichtlich habe ich diese Mitarbeiterin verletzt, überfordert, mich bei ihr unbeliebt gemacht. Da solch ein Vorfall eher die Ausnahme ist, will ich versuchen herauszufinden, wie ich auch mit Frau X konstruktiv zusammenarbeiten kann. Am besten bitte ich sie zu einem Gespräch unter vier Augen und frage sie offen, was ich – unabsichtlich – falsch gemacht habe und wie wir zu einer Lösung kommen können. Meine Führungsqualitäten lassen sich sicher noch verbessern. Aber das ist keine Schande, solange ich ernsthaft daran arbeite. Natürlich ist so ein Problem unangenehm. Aber vielleicht werden wir uns dadurch um so besser zusammenraufen. Jedenfalls bin ich trotzdem froh, diesen Arbeitsplatz zu haben, den ich insgesamt nicht schlecht ausfülle. Es hat, seit ich dort angefangen habe, deutlich mehr Sympathiebezeugungen als Ärger gegeben. Ich will zwar ein noch besserer Vorgesetzter werden, aber für einen schlechten (schlechteren als viele andere) halte ich mich auch nicht."

Damit Sie nicht denken, „Diese Perspektive von oben hätte ich gern, und wo bleibt da bitte das Privatleben", nun noch ein ganz anderes Beispiel: *Katharina hatte sich bei ihrer Freundin Sylvia nach einem vage geplanten Ausflug und dem Fortgang der Wohnungssuche erkundigt und beide Male eine – wie ihr vorkam – eher barsche Zurückweisung erfahren. Alle Versuche, die Schuld für diese Mißstimmung ihrer Freundin zuzuschreiben und diesen kleinen Vorfall schnell zu vergessen, fruchteten nichts. Ständig mußte sie daran denken und sich schließlich eingestehen, daß sie ziemlich gekränkt war. Dann ließ sie dieses Thema in einem Gespräch mit einer anderen Freundin, Anna, einfließen, die es sofort freundlich aufgriff: „Ich weiß genau, was du meinst. Auch mir fällt manchmal auf, daß du häufig nachfragst. Ich verstehe das als deine Anteilnahme, und deshalb stört es mich nicht. Ich kann mir aber auch vorstellen, daß andere es nicht mögen." Dieser Hinweis war für Katharina sehr hilfreich. Sie fühlte sich als Person gemocht und verstanden, sah aber auch ein, daß ein bestimmtes Verhalten nicht die gewünschte Wirkung hatte. Sie rief Sylvia an und lud sie zum Tee ein. Es gab vieles zu besprechen und erzählen – ohne jede Frage von Katharina –, und sie sahen sich bald wieder. Es ist nicht anzunehmen, daß Katharina ihre alte Gewohnheit von einem auf den anderen Tag ganz ablegen kann. Aber darauf allein kommt es nicht an, sondern auf die Möglichkeit, Kritik als Chance zu begreifen.*

Es gibt doch auch ungerechtfertigte Angriffe, mögen Sie einwenden. Stimmt. Aber auch damit können Sie so umgehen, daß Sie weder wütend noch depressiv werden. Dazu ein Beispiel: *Sibylle näherte sich dem Ende eines langwierigen Examens. Vielleicht hatte der Streß dazu beigetragen, daß ihr eine Herpesinfektion an der Unterlippe scheußliche Bläschen verursachte. Auf der Straße traf sie zufällig den ehemaligen Freund einer Freundin, der ihr vorwarf, anderen Menschen einen so unappetitlichen Anblick zuzumuten und sich rasch verabschiedete. Sybille war zunächst verblüfft und entdeckte dann zu ihrer Überraschung und großen Befriedigung, daß ihr diese Bemerkung überhaupt nichts anhaben konnte. Während der Tanzstundenzeit kam ihr jeder Pickel wie eine Katastrophe vor, besonders natürlich zu Bällen, wenn diese Verunzierungen besonders heftig zu sprießen schienen. Aber jetzt stand sie kurz vor dem erfolgreichen Abschluß ihres Studiums, hatte viele nette Freunde und Bekannte und konnte auf den Beifall dieses speziellen Zeitgenossen bestens verzichten. Sie lebte allein und mußte sich selbst mit Lebensmitteln versorgen. Außerdem war sie mitnichten gewillt, sich wegen ein paar Eiterbläschen im Gesicht gleich Hausarrest auf-zuerlegen.*

Allen werden Sie es niemals recht machen. Sie können sich jedoch aussuchen, aus welcher Kritik Sie lernen wollen und welche sie an sich abtropfen lassen. Sie selbst sind wahrscheinlich nicht immer taktvoll und andere Menschen eben auch nicht.

Damit es nicht bei theoretischen Überlegungen bleibt, spielen Sie ein Beispiel aus Ihrem eigenen Leben durch, mit Ihrem Helfer, einer anderen Vertrauensperson oder auch allein. Nehmen Sie entweder eine Situation, bei der Sie sich im nachhinein lieber anders verhalten hätten, zur Übung für eine ähnliche Gelegenheit. Oder inszenieren Sie eine Generalprobe für ein bevorstehendes Gespräch. Übernehmen Sie sowohl Ihre eigene Rolle als auch die Ihres Gegenübers, um sich besser in seine oder ihre Lage hineinzuversetzen.

Kapitel 14
Fühlen Sie sich vereinsamt?

Viele Menschen halten ihre Einsamkeit für den Grund all ihrer Probleme. Tatsächlich treten Depressionen oft nach dem Verlust eines geliebten Menschen durch Trennung oder Tod auf (Teil I, Kapitel 4). Eine im Laufe der Zeit abnehmende Trauer ist unter diesen Umständen durchaus natürlich und nicht behandlungsbedürftig. Im Unterschied zur Depression geht sie weder mit einem Verlust der Selbstachtung noch mit realitätsverzerrenden automatischen Gedanken einher, wie Sie sie in den Kapiteln 9–11 von Teil II kennengelernt haben. Je mehr Sie Ihr Leben auf Ihren Partner ausrichten, für und durch ihn leben, desto schwieriger wird es für Sie sein, sich auch ohne ihn als vollständige Person zu erleben und Ihres Lebens zu freuen. Die Witwe Marlene Lohner beschreibt sehr eindringlich ihr Gefühl, ohne ihren Mann gewissermaßen amputiert zu sein und liefert in ihrer Sammlung von Interviews mit hinterbliebenen Frauen bewegende Beispiele für diesen Zustand (siehe Anhang). Bei der Lektüre ihres lesenswerten kleinen Bandes oder der erschütternden Aufzeichnungen der Witwe des großen Schauspielers Gerard Philippe[4] kann man sich natürlich überlegen, ob das Leiden nach dem Ende der innigen Zweisamkeit größer ist als die Freude zuvor. Vielleicht erscheint Ihnen ein Leben mit extremen Höhen und Tiefen erstrebenswerter als ein gleichmäßiger Fluß der Tage. Wenn Sie aber jetzt depressiv sind und dies dem Fehlen eines Sie liebenden und von Ihnen geliebten Menschen zuschreiben, stellt sich die Frage anders. Im folgenden möchte ich Ihnen zwei Wege aus Ihrer Situation vorschlagen, die miteinander verbunden sind.

Als ersten Schritt schlage ich vor, das Alleinsein so angenehm wie möglich zu gestalten. Denken Sie bitte nicht gleich „Das geht nicht" oder „Ich kann das nicht". Stellen Sie lieber – am besten schriftlich – Dinge zusammen, die Sie mit Ihrem Wunschpartner gemeinsam gern tun würden. Lassen Sie genügend Platz für Anmerkungen zu jedem

---

[4] Anne Philippe: Nur einen Seufzer lang, Reinbek (Rowohlt).

Punkt, vielleicht am besten, indem sie das Blatt oder die Seite im Computer in drei Spalten teilen. Wenn Ihnen nichts mehr einfällt, malen Sie sich einen gemeinsamen Feierabend, ein Wochenende und einen Urlaub aus. Dann gehen Sie die Liste der Reihe nach durch und vermerken, was Sie auch allein und was Sie mit einer anderen Person, die Ihnen aber nicht besonders nahe stehen muß, tun könnten.

Was ich gern mit Partner(in) täte	**auch allein (a) oder mit Bekannten (b) möglich / erwartetes Vergnügen (1–10)**	**durchgeführte Aktivität / mit wem / wie vergnüglich (1–10)**
Kinobesuch	a/5, b/7	a/8 Film gut, letzten Platz ergattert, anschließend mit anderen Kinobesuchern in der U-Bahn über den Film gesprochen und später mit etlichen anderen, die ihn auch gesehen hatten
am Wochenende gemütlich frühstücken	a/9, b/3	a/9
auf dem Markt einkaufen	a/6, b/7	a/9 Bekannte getroffen
schmusen		
Mittagsschlaf	a/10	a/7 nur kurz eingeschlafen
in Ruhe Tee trinken	a/5, b/10	b/10 erst kam eine, dann eine andere Freundin, die sich nicht kannten und sich gleich gut miteinander verstanden
ausgiebig Zeitung lesen	a/6, b/5	a/8
Radtour	a/3, b/8	a/7 den Weg zu einer Besorgung durch einen hübschen Park

Was ich gern mit Partner(in) täte	**auch allein (a) oder mit Bekannten (b) möglich / erwartetes Vergnügen (1–10)**	**durchgeführte Aktivität / mit wem / wie vergnüglich (1–10)**
Spaziergang um einen See	a/2, b/7	b/10 anschließend noch mit Freundin 2. Frühstück auf ihrer Terrasse
Baden fahren	a/5, b/6	b/10
Ausflug in die Umgebung machen	a/3, b/8	b/9
Konzertbesuch	a/3, b/7	b/8
Freunde zum Essen einladen	a/6, b/7	a/8
etwas Leckeres kochen	a/3, b/6	a/7
Auswärts essen gehen	a/1, b/8)	b/8
über das Buch sprechen, das ich gerade lese	b/9	b/9
Sich austauschen, wie der Tag oder die Woche war	b/8	b/9
zu Hause Musik hören	a/7, b/8	a/8
eine wichtige Entscheidung erörtern	guter Freund / 1	b/9
nach Frankreich fahren	a/2, b (nicht mit jedem, evtl. in einer Gruppe) 8	mit guter Freundin b/9
Italienisch lernen	a/7, b/7	a/9
Volleyball spielen	a/6 (in eine Gruppe gehen)	b/7 (Gruppe, in der ich jemanden kannte)
Ausstellungsbesuch	a/7, b/9	a/b /8 (Kollegen getroffen, den ich lange nicht mehr gesehen hatte)
Abend zu Hause	a/1, b/9	a/9 Anruf von Freundin, Regen trommelte an die Fensterscheiben

Damit Sie möglichst viele Anregungen finden, die Sie in die nachstehende Liste eintragen können, stammt die obige Aufstellung nicht von einer Person.

Was ich gern mit Partner(in) täte	**auch allein (a) oder mit Bekannten (b) möglich / erwartetes Vergnügen (1–10)**	**durchgeführte Aktivität / mit wem / wie vergnüglich (1–10)**

Sie können aber auch, wenn Sie die ewigen Tabellen leid sind, zwei Briefe schreiben: einen an das Alleinsein als Freund und einen an das Alleinsein als Feind:

„Liebes Alleinsein,
danke, daß du heute da warst, als ich nach dem langen Abend gestern nicht richtig ausschlafen konnte, aber erst recht nicht richtig wach war. So habe ich noch etwas dösig vor mich hin getrödelt und, ohne lächeln oder reden zu müssen, ganz in Ruhe gefrühstückt. Die eine Stunde vor dem Mittagessen, in der ich mich wirklich konzentrieren konnte, habe ich mit Genuß gearbeitet, ohne jemanden vor den Kopf zu stoßen, der sonntags Familienleben oder Zweisamkeit erwartet. Ich brauchte nichts zu planen und mich nach niemandem zu richten und schlief nach dem Mittagessen bis kurz vor einer Verabredung. Angesichts der derzeitigen Hitze und noch müde von gestern war ich froh, mich nicht zum Theater verabredet zu haben. Statt dessen habe ich seit langer Zeit endlich wieder eine nette Kollegin angerufen, die Schreckliches von einer gemeinsamen Bekannten berichtete: Ihr Mann ist schwer krank und sie durch die Pflege neben ihrem harten Beruf völlig überfordert. Ein Freund, den ich auch anrief, ist noch immer krank und fast unfähig auszugehen. Ich beneide seine Frau wirklich nicht, die sehr geduldig und tapfer zu ihm steht. Da ich morgen mit einem Bekannten ins Kino gehe und übermorgen eine Kollegin zum Abendessen erwarte, war ein so ruhiger Tag genau das richtige zum Ausgleich."

„Verhaßtes Alleinsein,
warum muß gerade ich allein aufwachen, schweigend frühstücken, nur für mich zu Mittag kochen? Lebte ich in einer festen Beziehung, brauchte ich nicht bei einer Freundin anzurufen, um nicht allein spazieren oder schwimmen gehen zu müssen. Da ich sie nicht angetroffen habe, bin ich zu Hause geblieben – trotz des schönen Sommerwetters nach etlichen kühlen Regentagen. Mit einem Partner hätte ich mich bestimmt aufgerafft, die letzte Vorstellung dieser gepriesenen Inszenierung zu sehen. Nun habe ich sie endgültig verpaßt. Immer muß ich anrufen, wenn ich mit jemandem sprechen will, oder das Radio einschalten, um eine menschliche Stimme zu hören. Andere Menschen genießen am Wochenende ihre Familie. Nur ich habe es nicht geschafft, eine zu gründen. Was habe ich nur falsch gemacht?"

Sie sehen, man kann über ein und denselben allein verbrachten

Sonntag sehr unterschiedlich denken und sich entsprechend zufrieden oder niedergeschlagen fühlen. Natürlich spricht nichts dagegen, für mehr Zusammensein mit anderen zu sorgen, wenn das Ihren wahren Bedürfnissen entspricht. Aber mit wem würden Sie sich lieber unterhalten, einen Abend verbringen oder sich verabreden: mit der Person, die mit sich selbst auskommt und die Vorteile ihrer derzeitigen Lage zu würdigen weiß oder mit jemandem, der nur die Nachteile seiner Situation sieht?

Ein häufig gegen selbständige Aktivitäten angeführtes Argument ist, daß Sie „komisch angeschaut" würden, wenn sie allein ausgingen. Haben Sie diesen Eindruck kürzlich überprüft, oder stammt er noch aus einer Zeit, als Sie sehr jung und leicht in Verlegenheit zu bringen waren oder es noch nicht so viele Singles gab wie heute? Schauen Sie allein speisende Gäste eines Restaurants oder Theaterbesucher ohne Begleitung schief an, oder beobachten Sie dies bei anderen? Warum sollte es gerade Ihnen passieren, wenn Sie an einem Einzeltisch sitzen oder den letzten Sitz in einer sonst ausverkauften Vorstellung ergattern, was Ihnen zu zweit wenig genützt hätte? Der einzige Grund, der mir einfällt, ist, daß Sie sich so sichtbar genieren, daß dies vielleicht auffallen könnte. Dann hätten wir es mit einer sich selbst erfüllenden Prophezeiung zu tun: Sie haben solche Angst, einen unglücklichen Eindruck zu machen, daß Sie es gerade deshalb tun, trotz einer prinzipiell völlig harmlosen Situation.

David dagegen, der es lange Zeit als persönliches Versagen ansah, von seiner Frau verlassen worden zu sein, empfand es nicht einmal als Problem, an Weihnachten allein zu essen, wenn die meisten Menschen in dieser Situation glauben, alle anderen verbrächten die Feiertage in vollkommener Harmonie mit ihren Familien. Er kochte sich sein Lieblingsgericht, hörte schöne Musik dazu und genoß die Ruhe vor dem Besuch seiner halbwüchsigen Kinder. Er, der sich nach dem „Scheitern" seiner Ehe nicht noch einmal binden wollte und wirklich sehr unabhängig war, wurde schließlich – vielleicht gerade deshalb – doch noch mit einer neuen Lebensgefährtin sehr glücklich.

Es ließen sich noch beliebig viele andere Beispiele dieser Art anführen. Sie haben aber sicher verstanden, daß die Überzeugung, als allein lebender Mensch Trübsal blasen zu müssen, eine sich selbst erfüllende Prophezeiung sein kann. Wenn Sie in einsamen Stunden nur Ihren

Pflichten nachkommen und Langweiliges erledigen, im Stehen oder beim Fernsehen essen, sich keine Blumen gönnen und Ihr Äußeres so vernachlässigen, daß Sie vor Ihrem eigenen Spiegelbild erschrecken, brauchen Sie sich nicht zu wundern, wenn Ihnen das Alleinsein keinen Spaß macht. Der Kontrast zum Zusammensein mit Ihrem Partner oder jemandem, der es war oder noch werden soll, ist um so größer, falls Sie in Gegenwart dieser Person alles Unangenehme aufschieben und nur tun, was Sie besonders freut: Ausgehen, am schön gedeckten Tisch mit Kerzenlicht speisen, Parfüm auflegen, sich so anziehend wie möglich zurechtmachen, die (halbwegs) aufgeräumte Wohnung genießen und durch das Lächeln für das Gegenüber selbst gute Laune entwickeln. Die Beispiele zeigen, wie unterschiedliche Menschen auf verschiedene Weise auch ohne derzeitigen festen Partner ein sehr erfülltes Leben genießen können. Wenn Sie jetzt noch darüber nachdenken, daß es auch in Ihrem Bekanntenkreis unglückliche Ehen oder Menschen gibt, die trotz fester Beziehung depressiv sind, werden sie sicher zugeben, daß neben „All you need is love" auch der Spruch „Mejor solo que mal aquompagnado" (spanisches Sprichwort: Lieber allein als schlecht begleitet) eine gewisse Berechtigung besitzt.

Dennoch will ich Sie nicht überreden, den Rest Ihres Lebens allein oder zumindest ohne festen Partner zu verbringen. Im Gegenteil, Sie zur Unabhängigkeit zu ermutigen, ist der erste Schritt zu einer erfüllten Beziehung. Wenn Sie mit sich selbst gut auskommen (und nicht mehr depressiv sind), wirken Sie auf andere viel anziehender, als wenn Sie sich händeringend anbieten. Auf den nächsten Seiten finden Sie eine Reihe von Tips, die nicht nur bei der Partnersuche, sondern ganz allgemein beim Anknüpfen von Kontakten hilfreich sein können:

- Finden Sie heraus, was Ihr Gegenüber interessiert, und geben Sie ihm oder ihr Gelegenheit, darüber zu sprechen.
- Beenden Sie die Unterhaltung oder das Treffen lieber zu früh als zu spät. Wenn Sie dies freundlich tun, kann, wer gern mit Ihnen zusammen ist, eine Fortsetzung bei anderer Gelegenheit vorschlagen. Warten Sie keinesfalls, bis man Sie – aus welchen Gründen auch immer – dringend loszuwerden versucht. Gerade wenn Sie zu Depressionen neigen, lassen Sie sich durch dergleichen leicht kränken. Außerdem ist immer wertvoller, woran Mangel herrscht oder was schwer zu erlangen ist, als was einem nachgeworfen wird. Drängen Sie sich also nicht auf. Sie können auch allein zufrieden sein.

- Gehen Sie dieser Einstellung aber auch nicht in die Falle. Denken Sie nicht, wer sich um Sie bemüht und damit leichter zugänglich ist, sei uninteressant. Wenn Sie allerdings noch immer an der Überzeugung festhalten, daß Sie unattraktiv und wertlos seien, werden Sie folgerichtig glauben, daß mit Menschen, die Ihre Nähe suchen, irgend etwas faul sein müsse: Entweder meinen sie es nicht aufrichtig oder sie haben gravierende Fehler. Tatsache ist natürlich, daß wir alle unvollkommen sind, aber nicht wertlos. Es gibt in der Wirklichkeit weder Märchenprinzen noch Traumfrauen. Aber wenn wir unsere eigenen Schwächen akzeptieren, können wir auch diejenigen anderer hinnehmen und brauchen nicht den Glanz anderer Menschen, um etwas Licht in unser (vermeintliches) Schattendasein zu bringen. Wenn wir uns selbst achten, entfällt auch das Mißtrauen oder gar die Verachtung gegenüber denen, die uns mögen.
- Eine Aussöhnung mit sich selbst bewahrt Sie außerdem davor, sich selbst gegenüber anderen mies zu machen. Würden Sie etwas kaufen, von dem Sie gerade erfahren haben, wie schlecht es ist? Warum soll Sie dann jemand näher kennenlernen wollen, den Sie gerade deutlich gewarnt haben? Aus Mitleid etwa? Setzen Sie auch Menschen, an denen Ihnen liegt, nicht dadurch unter Druck, daß Sie ihnen die Verantwortung für Ihr Glück aufbürden. Sie haben dies hoffentlich inzwischen nicht mehr nötig, da Sie wissen, daß Sie für Glück und Selbstachtung nicht unbedingt auf andere angewiesen sind.
- Tun Sie, woran Sie wirklich Spaß haben. Buchen Sie weder eine Gruppenreise noch einen Volkshochschulkurs nur in der Hoffnung, jemanden kennenzulernen. Dann ist die Enttäuschung vorprogrammiert. Wenn Sie aber schon immer Ihr Englisch aufpolieren oder Polen kennenlernen wollten, lohnen sich Ihre Mühe und Ihr Geld sehr wahrscheinlich. Außerdem lernen Sie dabei Menschen kennen, die zumindest dieses Interesse mit Ihnen teilen. Ob sich daraus mehr ergibt, können Sie dann gelassen abwarten.
- Gehen Sie auch zu Festen, Einladungen oder Tanzveranstaltungen nicht ausschließlich in der Absicht, dort die Frau oder den Mann fürs Leben zu finden. Dann verderben Sie sich nur die Freude am Wiedersehen alter Freunde, den Gesprächen, dem Essen und Trinken, dem Tanzen, und sind wahrscheinlich so verkrampft, daß Sie Ihre Chancen unnötig mindern. Neue Bekanntschaften können auch dann bereichernd sein, wenn der oder die Betreffende als Partner oder Partnerin nicht in Frage kommt.

- Seien Sie bei Angeboten für gemeinsame Aktivitäten anfangs nicht zu wählerisch. Solange Sie nach einer Trennung, einer längerfristigen Depression oder einer Zeit vorwiegender Konzentration auf Ihren Beruf oder nach dem Umzug in eine neue Stadt einen Bekannten- und Freundeskreis (wieder) aufbauen wollen, seien Sie zunächst offen auch für Angebote, die nicht haargenau Ihren Vorstellungen entsprechen. Vielleicht entdecken Sie ein neues Interessengebiet oder lernen doch zumindest etwas dazu. Solange es Ihnen während der gemeinsamen Unternehmung besser geht, als wenn Sie während dieser Zeit allein gewesen wären, war sie der Mühe wert. Wenn Sie pro Wochenende mindestens ein oder zwei Verabredungen haben, sind Sie vielleicht sogar ganz froh, sich in der übrigen Zeit ausruhen zu können und zu erledigen, was während der Woche liegenblieb. Sie müssen ja nicht gleich Freunde oder gar den Partner fürs Leben finden und können den Kontakt mit Leuten einschlafen lassen, die tatsächlich nicht zu Ihnen passen. Dies wiederum müssen Sie ja nicht sofort entscheiden und können immer wieder abwägen, ob Sie Ihre Zeit lieber mit einer bestimmten Person oder mit sich selbst verbringen. Wie wählerisch Sie sein können, hängt vor allem davon ab, wie gut Sie allein sein können.

Für das Wiederauffrischen der Beziehung zu Ihren Freunden nach einer Zeit des Rückzugs gilt ähnliches. Hinzu kommt die Aufgabe, zu erklären, warum Sie sich so lange Zeit nicht gemeldet oder gar Einladungen nicht angenommen haben. Wann immer Sie mit Verständnis für die wahren Gründe rechnen können, ist es vermutlich am besten, sie offen anzusprechen. Auch andere Menschen haben oft wegen der Karriere, einer intensiven, neuen Beziehung, kleiner Kinder, eigener gesundheitlicher Probleme oder Krankheit in der Familie über Monate oder Jahre hinweg wenig Zeit für Freunde und sind froh, wenn Sie die Initiative ergreifen. Je nach Lebensabschnitt und persönlicher Entwicklung ist auch nach einer Periode der Entfremdung eine Wiederannäherung möglich. Wenn Sie einen Versuch als solchen betrachten und nicht den Wert Ihrer Person am Ausgang messen, haben Sie nichts zu verlieren. Selbst wenn – wie zu erwarten – auch Zurückweisungen vorkommen, muß das nicht an Ihnen liegen und sagt schon gar nichts über Ihre Chancen beim nächsten Mal. Das gilt natürlich nicht nur für die Wiederaufnahme alter Kontakte, sondern ebenso für einen Korb von einer Ihnen bisher kaum bekannten Person.

Kapitel 15
Was tun bei Schlafstörungen?

Schlafstörungen sind sehr verbreitet und oft auch das erste Symptom einer Depression. Es besteht eine generelle Wechselwirkung zwischen Schlafstörungen und einer weiteren ebenfalls weit verbreiteten Begleiterscheinung emotionaler Störungen, den Sorgen: Während Sie zunehmend ungeduldig auf den Schlaf warten, fällt Ihnen Beunruhigendes ein. Dann können Sie sich erst recht nicht entspannen und liegen vielleicht mit Herzrasen hellwach im Bett, nachdem Sie noch kurz zuvor todmüde waren. Ihr Denken kreist um etwas Wichtiges am nächsten Tag, weshalb Sie unbedingt schnell einschlafen wollen. Genau das aber hindert Sie am sanften Entschlummern. In Ihren Nachtgedanken stellt sich fast alles unerfreulicher dar als bei Licht betrachtet. Aber das merken Sie meist erst am nächsten Morgen. Bis dahin werden Ihnen die bewußt erlebten Stunden sehr lang erscheinen.

Schlaflosigkeit kann enorm quälend sein und zu Suizidalität führen, dem Wunsch nie wieder aufzuwachen. Schlafmittel werden mitunter auch eingenommen, um aus dem Leben zu scheiden, wobei diese Absicht nicht immer klar zutage treten muß. *Einer meiner Mitstudenten litt an schweren Depressionen und Schlafstörungen. Er vergiftete sich immer wieder mit großen Mengen von Alkohol und Beruhigungsmitteln, weil er sich so verzweifelt nach Schlaf sehnte, daß er sein schlafloses Leben bereitwillig riskierte und schließlich auch auf diese Weise beendete.* Wenn es Ihnen ähnlich ergeht, ist psychiatrische Hilfe dringend notwendig.

Generell ist von einer Selbstbehandlung mit Alkohol, Schlaf- und Beruhigungsmitteln abzuraten. Anstatt die bereits bestehenden Probleme zu lösen, schaffen Sie zusätzliche. Der Körper gewöhnt sich nämlich bei regelmäßigem Gebrauch schon nach kurzer Zeit an diese chemische Manipulation, so daß Sie die Dosis steigern müssen, um die gleiche Wirkung zu erzielen. Spätestens dann, wenn Sie wieder ohne diese Mittel auszukommen versuchen, führt der Entzug in der Regel zu (erneuten) Schlafstörungen.

Die Gewöhnung tritt natürlich auch dann auf, wenn Ihnen die Medikamente verschrieben wurden. Deshalb verordne ich fast nie Schlaf- und Beruhigungsmittel. Wenn Sie vor Ihrer Depression im allgemeinen gut geschlafen haben, werden sie dies wahrscheinlich wieder tun, sobald die emotionale Störung behoben ist. Viele Antidepressiva wirken mit Beginn der Einnahme auch schlafanstoßend, noch bevor die stimmungsaufhellende Wirkung einsetzt. Zusätzliche Schlafmittel sind meist nicht nötig, wenn die Dosis des Antidepressivums zur Behandlung der Grunderkrankung ausreicht. Um tagsüber möglichst wenig durch die dämpfenden Eigenschaften dieser Psychopharmaka beeinträchtigt zu werden, nehmen Sie die gesamte Tagesdosis (sofern sie 150 mg nicht überschreitet) am besten am Abend ein, was außerdem Ihr Einschlafen unterstützt. Diese Angaben beziehen sich auf sogenannte Trizyklika, deren chemische Struktur in einer Formel wiedergegeben wird, die durch drei miteinander verbundene Ringe gekennzeichnet ist.

Wenn Sie aber schon lange vor der Depression Schwierigkeiten mit dem Schlafen hatten, lohnen sich einige grundsätzliche Überlegungen zur Schlafhygiene. Als erstes stellt sich die Frage: Wieviel Schlaf brauchen Sie? Das ist – wie Körperlänge, Haut-, Haar- und Augenfarbe – individuell sehr unterschiedlich. Versteifen Sie sich nicht darauf, acht Stunden schlafen zu müssen, weil Sie irgendwo gelesen oder gehört haben, daß das gesund sei oder Voraussetzung für den Erhalt Ihres jugendlichen Aussehens (Stichwort „Schönheitsschlaf"). Wichtig ist für Sie in Ihrer speziellen Situation ausreichender Schlaf. Viele Menschen wissen aus Erfahrung, daß sie problemlos mit sechs Stunden pro Nacht auskommen. Andere haben immer wieder festgestellt, daß sie sich – zumindest auf Dauer – unausgeschlafen fühlen, gereizt, unkonzentriert und infektanfälliger sind, wenn sie nicht täglich acht oder neun Stunden schlafen. Aber selbst solche Erfahrungswerte sind nur begrenzt gültig. Sie verändern sich im Laufe des Lebens. Das trifft nicht nur auf die Zeit zwischen Geburt und dem Erwachsenenalter zu. Im Alter verändert sich häufig das Schlafbedürfnis. Außerdem variiert es innerhalb eines Lebensabschnitts in Abhängigkeit von der Beanspruchung während des Tages. Um für kreative Aufgaben, Unterrichten, intensiven Kontakt mit anderen Menschen, eine andere verantwortungsvolle Aufgabe, die hohe Konzentration erfordert, oder einen hektischen Tag frisch zu sein, schlafen Sie vielleicht mehr als für geruhsame Routine. Manchen Menschen gelingt es, unter der Woche mit wenig Schlaf auszukommen und dann am Wochenende aufzuholen. Oder sie verausgaben sich für eine befristete Zeit, nach der sie sich durch ausgiebiges Schlafen regenerieren. Andere brauchen einen sehr viel regelmäßigeren Rhythmus, um sich wohlzufühlen und leistungsfähig zu sein. Nicht jeder kann nach einer langen Nacht bis zum Mittag schlafen. Wichtig ist es meines Erachtens, seine Grenzen zu kennen und zu respektieren, aber auch die Spielräume zu nutzen. Maßstab sind immer Wohlbefinden und Leistungsfähigkeit am Tag, nicht die Dauer des Schlafs in der Nacht.

Verschiedene Menschen sind auch unterschiedlich flexibel, was den Zeitpunkt des Einschlafens und Aufwachens betrifft. Viele wissen, ob sie Morgen- oder Abendtypen sind. Manche quälen sich ein Arbeitsleben lang frühmorgens aus dem Bett und finden – auch nach einem langen Tag – abends nur schwer hinein. Im Urlaub genießen sie es – wenn sie keine kleinen Kinder haben –, endlich nach ihrer inneren Uhr zu leben. Andere Menschen sind unverbesserliche Frühaufsteher, die es auch am Wochenende nicht lange in den Federn hält. Sie werden abends früh müde und haben wenig Freude etwa an Musikveranstaltungen, bei denen der Star nicht vor Mitternacht auftritt. Auf sie trifft zu, was Coco Chanel gesagt haben soll: „Nach Mitternacht amüsiert mich gar nichts." Wohl dem, der es sich aussuchen kann, wann er schläft und wie lange er aufbleibt. Aber das sind eben nicht alle, und Sie müssen nicht nur andere, sondern auch sich selbst so nehmen, wie Sie sind.

Möglicherweise ist auch das quälende Früherwachen bei Melancholien Zeichen eines gestörten Zirkadianrhythmus (ein innerer Rhythmus, der etwas länger als 24 Stunden ist). Erstaunlicherweise hilft gegen schwere Depressionen, die typischerweise mit Früherwachen verbunden sind, Schlafentzug. Die Patienten bleiben die ganze Nacht oder deren zweite Hälfte wach. Das gelingt am ehesten in angenehmer Gesellschaft mit Aktivitäten wie Spazierengehen, Kochen oder Backen und Essen oder mit Gesellschaftsspielen. Wenn Sie nur im Sessel sitzen und fernsehen oder lesen, nicken Sie garantiert ein und bringen sich so um den Nutzen Ihrer Bemühungen. Auch am folgenden Tag sollten Sie bis zum Abend wach bleiben. Oft ist die Depression am nächsten Tag völlig verflogen. Leider hält die Wirkung meist nicht lange an. Die Behandlung ist aber zur Überbrückung der Zeit, bis ein Antidepressivum wirkt, äußerst hilfreich, zumal Menschen, die jede Hoffnung auf eine Besserung ihrer Depression aufgegeben haben, erleben, daß ihre frühere, fröhliche und kontaktfreudige Persönlichkeit nicht unwiderruflich verloren ist. Allerdings ist eine Vorbereitung auf den Rückfall wichtig, weil er sonst als Beweis mißverstanden wird, daß Genesung unmöglich und ein Weiterleben nicht der Mühe wert ist.

Zurück zum Schlaf: Ihn erzwingen zu wollen, ist nicht sinnvoll. Selbst wenn Sie wissen, daß Sie am nächsten Morgen sehr viel früher aufstehen müssen als gewohnt, wird es Ihnen – ohne dämpfende Substanzen – kaum gelingen, mehrere Stunden früher einzuschlafen als üblich. Wahrscheinlich sind Sie aber am Abend danach zeitig müde und können leichter nach- als auf Vorrat vorschlafen. Nicht umsonst lassen viele Fluglinien ihre Maschinen über Nacht weite Strecken nach Osten fliegen. Nach wenig und schlechtem Schlaf im Sitzen fällt es nicht allzu schwer, sich der neuen Zeitzone anzupassen und zu Bett zu gehen, wenn es dort üblich ist. Die Dunkelheit tut ein übriges. Umgekehrt fliegen Sie in weiter westlich gelegene Erdteile am günstigsten so, daß sich Ihr Tag verlängert. Tageslicht am Reiseziel hilft Ihnen beim Aufbleiben bis zum Abend dort, und Dunkelheit und Übermüdung durch den um mehrere Stunden verlängerten Vortag helfen beim Ausschlafen am nächsten Morgen.

Manche Menschen gehen zu Bett, weil ihnen nichts anderes zu tun einfällt, sie keine Gesellschaft haben und ihnen das Fernsehprogramm nicht zusagt. Dies führt dann zu vermeintlichen Einschlafstörungen.

Problematisch kann es auch sein, wenn Sie – beispielsweise aus Antriebsschwäche oder sozialem Rückzug während einer Depression – große Teile des Tages im Bett verbringen, sich also körperlich nicht ermüden und zwischendurch aus Langeweile immer wieder einnikken. Dann fällt es am Abend meist schwer, schon wieder zu schlafen.

Gehen Sie möglichst nur zu Bett, wenn Sie müde sind. Erwarten Sie auch dann nicht, sofort einzuschlafen. Geben Sie sich Zeit, von Aktivität und Anspannung auf Ruhe umzuschalten. Eine meiner Freundinnen beispielsweise vermeidet Einschlaf-Störungen dadurch, daß sie ihre Arbeit am Schreibtisch möglichst bis 21 Uhr beendet und sich bei einem kurzen Spaziergang oder Schwatz am Telefon allmählich entspannt. Hilfreich ist auch ein gewisses Ritualisieren des Zubettgehens, wie es bei Kindern üblich ist. An die Stelle der „Gute-Nacht-Geschichte" tritt bei Ihnen vielleicht das Lesen von ein paar

Seiten. Wählen Sie möglichst nicht etwas so Spannendes, daß Sie es kaum noch aus der Hand legen können. Auch aufregende Lektüre ist nicht unbedingt geeignet. Statt des Schlafliedchens hören sie vielleicht gern noch etwas Musik. Manche Menschen empfinden Yoga, Autogenes Training oder andere Formen der Entspannung (Teil II, Kapitel 5) als hilfreich beim Einschlafen. Ein warmes Bad entspannt – ähnlich wie viele Beruhigungsmittel – die Muskulatur, was auf harmlose Art das Einschlafen erleichtert. Anderen Menschen reicht das Zähneputzen, Haare-Bürsten, Abschminken oder das Auftragen der Nachtcreme. Darüber hinaus ist es für Menschen mit Schlafstörungen sinnvoll, wenn sie im Bett nur schlafen und nicht auch fernsehen, frühstücken oder andere Dinge tun, die mit Schlaf nichts zu tun haben.

Gewarnt habe ich schon vor Alkohol oder anderen chemischen Einschlafhilfen. Andererseits können Sie nicht unbedingt erwarten, daß Sie nach reichlichem oder späten Konsum von Kaffee, Tee oder anderen stimulierenden Getränken problemlos in den Schlaf finden. Das gilt übrigens auch für Kakao und damit Schokolade. Nicht jeder Mensch reagiert gleich empfindlich. Entscheidend ist, ob Sie auf den Espresso nach dem Abendessen oder sogar schon den Nachmittagstee besser verzichten, obwohl andere sich diese Annehmlichkeiten leisten können, ohne danach die halbe Nacht wach zu liegen.

Ähnlich ist es mit dem Essen. Manche Menschen schlafen trotz des üppigen Essens spät am Abend. Andere verstehen nur allzu gut, warum die alten Römer glaubten, schlechte Träume kämen aus dem Bauch. Andererseits kann auch Hunger am Einschlafen hindern, weshalb ein „Betthupferl" hilfreich sein kann. Beachten sie aber das „l" am Ende des Worts, das auf eine kleine Menge schließen läßt. Auch daraus läßt sich übrigens ein Zubettgeh-Ritual machen.

Werden Sie durch Lärm am Einschlafen gehindert oder durch Geräusche (schon bevor der Wecker klingelt) geweckt, dann haben Sie keine Schlafstörung, sondern werden durch äußere Einwirkungen am Schlafen gehindert. Daraus ergibt sich, daß nicht an Ihnen etwas zu ändern ist, etwa durch Einnahme von Medikamenten. Die Lösung des Problems liegt dann eher in einer Veränderung der Umgebung oder – wenn das Gespräch mit den lauten Nachbarn nicht zu mehr Rücksichtnahme führt – allenfalls in der Anwendung von Ohrenstöpseln.

Manche Menschen können nur im Dunkeln schlafen. Wenn ein

Verdunklungsrollo – zum Beispiel auf Reisen – nicht immer zu beschaffen ist, können eine Schlafmaske oder leichte schwarze Textilien (Leggings, dichte Strumpfhose, Unterrock, Seidenhemd) Wunder wirken. Am besten legt man sich ein solches Teil griffbereit ans Bett, um es bei Morgendämmerung über die Augen legen zu können, ohne ganz aufzuwachen. Falls Ihnen ein Rollo zu teuer oder zu mühsam anzubringen ist: Ein schwarzes Wachstuch, mit ein paar Nieten versehen und an wenigen Haken vor das Fenster gehängt, tut es auch.

Haben Sie darauf geachtet, ob Sie besser schlafen, wenn Sie auch körperlich müde sind? In diesem Fall ist es sinnvoll, genügend Bewegung in Ihren Alltag einzubauen. Zumindest die Zeit, die Sie sich schlaflos hin- und her wälzen, wäre besser genutzt, wenn Sie vor dem Zubettgehen eine Runde Rad fahren, spazieren gehen oder was immer Ihnen Spaß macht und gut tut (siehe auch Teil II, Kapitel 17).

Geht Ihnen einfach zuviel durch den Kopf, um einschlafen zu können? Das läßt sich nicht immer vermeiden, und dann hat es ja vielleicht auch einen Sinn, wenn Sie noch etwas wach liegen, um noch – hoffentlich kurz – über etwas nachzudenken oder das Fest oder Konzert in sich nachklingen zu lassen. Versuchen Sie es aber im allgemeinen so einzurichten, daß Sie vor dem Zu-Bett-Gehen Ihr realistisch bemessenes Tagwerk abgeschlossen und den nächsten Tag innerlich und äußerlich vorbereitet haben, soweit dies möglich und Ihnen ein Bedürfnis ist. Es gibt Schulkinder, die besser schlafen, wenn ihr Ranzen gepackt ist. Manche Erwachsene, die morgens zu müde sind, um Entscheidungen über ihre Garderobe zu treffen, hören besser die Wettervoraussage schon am Abend vorher und überlegen sich, was sie am nächsten Tag anziehen.

Verhaltenstherapeuten raten, nach einer halben schlaflosen Stunde im Bett mindestens ebenso lange aufzustehen. Damit sollen gute Erfolge erzielt worden sein. Zu diesem Programm gehört auch, daß Sie auf Mittagsschlaf verzichten. Ich denke, Sie müssen selbst ausprobieren, was Ihnen am besten bekommt. Falls Sie zu den Menschen gehören, die sich in die Angst hineinsteigern, den nächsten Tag ohne ausreichenden Schlaf nicht zu bewältigen, ist es vielleicht beruhigend zu wissen, daß Sie sich nach dem Mittagessen hinlegen und Kraft für die restlichen Stunden sammeln werden, wenn sich das einrichten läßt. Während der Mittagsruhe setzen Sie sich vielleicht weniger unter Druck, unbedingt einschlafen zu müssen und tun es dann um so leichter. So üben Sie diesen Vorgang für den Abend wieder ein. So paradox es klingt – man kann auch zum Einschlafen zu müde sein und deshalb in einen Teufelskreis geraten, der sich durch Mittagsruhe unterbrechen läßt.

Verbringen Sie die schlaflose Zeit so angenehm wie möglich. Lesen Sie, wozu Sie schon lange Lust, aber nie die Muße hatten. Beleuchten Sie nur Ihre Lektüre, damit Sie nicht durch die Helligkeit wieder wach werden. Hören Sie vielleicht leise Radio, aber nichts Aufregendes und keine „fetzige" Musik. Wenn Sie etwas Unerledigtes quält, erleichtern Sie lieber Ihr Gewissen, als sich voller Sorgen im Bett hin und her zu wälzen.

Vielleicht beruhigt es Sie zu wissen, daß Menschen, die lange wachzuliegen glauben, dies in wesentlich geringerem Ausmaß tun, als sie selbst meinen. Sie schlafen allerdings tatsächlich weniger als solche Menschen, die mit ihrer Nachtruhe zufrieden sind. Eine weitere Beobachtung aus Schlaflabors ist, daß Patienten, die meinen, seit Jahren kaum ein Auge zugetan zu haben, in ungewohnter Umgebung, mit am Kopf und im Gesicht befestigten Elektroden zur Aufzeichnung des Hirnstrombilds und schneller Augenbewegungen, die während des Traums auftreten, überraschend schnell einschlafen. Wahrscheinlich liegt dies daran, daß sie sich ausnahmsweise nicht darum bemühen, da sie doch zeigen wollen, an welch schrecklichen Schlafstörungen sie leiden.

Zusammenfassend läßt sich also sagen, daß Sie zwar am besten die für Sie persönlich optimalen Voraussetzungen für guten Schlaf schaffen (z. B. Müdigkeit, Ruhe, Dunkelheit, Depressionsfreiheit etc.), sich dann aber in Ihr Schicksal fügen. Manchen ist ein leichtes Einschlafen gegeben, andere müssen sich – vielleicht sogar ein Leben lang – etwas mehr gedulden.

Kapitel 16
Wie ist Ihr Umgang mit Alkohol?

Wie bereits in Teil I, Kapitel 5, beschrieben, treten Depressionen und Alkoholprobleme oft gleichzeitig auf. Möglicherweise trinken Sie jetzt mehr als früher, um leichter einzuschlafen oder um Ihren Kummer wenigstens stundenweise zu vergessen. Unabhängig davon, welche Störung sich zuerst entwickelt hat und ob die eine aufgrund der anderen entstanden ist – Sie müssen beide direkt angehen. Wie immer ist es sinnvoll, mit der Diagnose zu beginnen, die Sie anhand des folgenden Fragebogens (leicht abgewandelt nach Schmidt und Treasure, siehe Anhang) selbst stellen können. Wichtig ist, daß Sie sich vom Ergebnis nicht entmutigen lassen, sich aber auch nichts vormachen, indem sie Ihre Antworten allzu unkritisch geben.

1. Trinken Sie häufig zuviel, und denken Sie oft, daß Sie Ihren Alkoholkonsum einschränken sollten?
2. Führt Ihr Trinken zu Problemen, und haben Sie deshalb Schuldgefühle?
3. Hat schon einmal jemand Einwände gegen Ihr Trinken gehabt oder Sie deswegen kritisiert?
4. Haben Sie jemals morgens getrunken, um Ihre Nerven zu beruhigen oder um einen Kater loszuwerden?

Wenn die Antwort auf eine oder mehrere Fragen „Ja" ist, lesen Sie weiter.

1. Passiert es Ihnen oft, daß Sie, wenn Sie einmal zu trinken begonnen haben, schließlich mehr trinken, als Sie eigentlich wollten?
2. Versuchen Sie oft, Ihren Alkoholkonsum einzuschränken oder ganz damit aufzuhören?
3. Nimmt Trinken, angetrunken oder verkatert sein einen großen Teil Ihrer Zeit in Anspruch?
4. Trinken Sie manchmal Alkohol, obwohl Sie z. B. noch Auto fahren wollen?

5. Trinken Sie so oft, daß Sie mittlerweile trinken, anstatt zu arbeiten oder Zeit mit Hobbys, der Familie oder Freunden zu verbringen?
6. Führt Ihr Trinken zu Problemen mit anderen Menschen?
7. Hat es seelische und körperliche Probleme zur Folge?
8. Haben Sie den Eindruck, daß Sie jetzt viel mehr Alkohol zu sich nehmen müssen, um betrunken zu werden, als zu der Zeit, als Sie mit dem Trinken anfingen?
9. Zittern Sie, wenn Sie Ihr Trinken einschränken?

Wenn Sie mehr als drei Fragen mit einem klaren „Ja" beantwortet haben, dann sind Sie auf dem Weg in die Alkoholabhängigkeit. Im Anhang finden Sie die Anschrift von Selbsthilfegruppen für Menschen mit Alkoholproblemen (auch speziell für Frauen und Ärzte) und deren Angehörige.

Zusätzlich oder statt dessen hier noch einige Tips für einen weniger selbstschädigenden Umgang mit Alkohol, die Sie ebenso auf Nikotin, illegale Drogen, Beruhigungs- und Schlafmittel sowie bei einem Übermaß an Koffein oder Süßigkeiten anwenden können.

- Wie bei der Stimmung und vielen anderen Aspekten Ihres Lebens ist es hilfreich, wenn Sie eine Weile Tagebuch über Ihren Alkoholkonsum führen. Selbst wenn Sie nur eine Strichliste anfertigen wollen wie die Kellnerin auf dem Bierdeckel, ist das besser als nichts und vermutlich eine vertraute Angelegenheit. Wichtig ist, daß Sie immer sofort aufschreiben, am besten bevor Sie das Glas, die Flasche oder Dose leeren. Der Versuch, am nächsten Tag oder noch später zu rekonstruieren, was Sie getrunken haben, ist, wenn nicht zum Scheitern, so doch zur Ungenauigkeit verurteilt. Zumindest bei Rauchern, die nicht länger nikotinabhängig sein wollten, hat das reine Dokumentieren des Konsums schon zu einer Einschränkung geführt. Durch das Aufschreiben vor dem Öffnen der Flasche oder Dose bzw. dem Einschenken des Glases werden Sie sich dieses kaum noch bemerkten Vorgangs wieder bewußt, so daß Sie eine Chance haben, sich für oder gegen diese Handlung zu entscheiden, anstatt sie automatisch zu vollziehen.

Frauen, die pro Woche mehr als 14, und Männer, die im selben Zeitraum über 21 Einheiten Alkohol zu sich nehmen (was eine Einheit ist, erfahren sie weiter unten), riskieren Langzeitschäden ihrer Gesundheit im Sinne der Weltgesundheitsorganisation (World Health Organization, WHO). Das heißt, Ihr körperliches, seelisches und soziales Wohlbefinden ist auf die Dauer durch einen derartigen Alkoholkonsum gefährdet. Von Leberschäden haben Sie wahrscheinlich schon gehört. Es werden aber auch fast alle anderen Organe angegriffen, wie zum Beispiel der Herzmuskel. Sie kennen auch das aufgedunsene rote Gesicht, das häufig schwere Alkoholprobleme verrät, und das Zittern im Entzug. Magenschleimhautentzündungen (Gastritis) werden durch übermäßiges Trinken begünstigt, wozu sich häufig das in dieser Hinsicht ebenfalls schädliche Rauchen gesellt. Entzugserscheinungen reichen vom einfachen Kater über epileptische Krampfanfälle bis hin zum noch immer gelegentlich tödlichen Delir, das unbedingt sofort intensivmedizinisch zu behandeln ist. Einige seiner Symptome sind Zittern (deshalb auch der lateinische Name „Delirium **tremens**"), Schwitzen, extrem hoher Blutdruck, Angst, Unruhe, Depression, Verwirrung, illusionäre Verkennungen, Halluzinationen und Wahn. Das beginnende Delir kann so quälend sein, daß es zum Suizid kommt.

Ein amerikanischer Wissenschaftler war beim Versuch, dem hohen Konkurrenzdruck standzuhalten, allmählich in die Alkoholabhängigkeit gerutscht. Er trank auch im Labor heimlich so regelmäßig, daß sich sein Körper an den stets etwa gleich hohen Alkoholspiegel gewöhnt hatte und er sich nicht sehr auffällig verhielt. Seine Frau, die als medizinisch-technische Assistentin arbeitete, merkte aber doch, was vor sich ging und wollte schließlich nicht länger zusehen, wie ihr Mann sich ruinierte. Sie brachte ihn deshalb in ein Krankenhaus, wo er unter Entzugserscheinungen und dringendem Verlangen nach Alkohol so litt, daß er sich schließlich aus dem Fenster stürzte. Er starb einige Tage später und hinterließ außer seiner Frau einen neunjährigen Sohn.

Auch unbeabsichtigte Verletzungen wie Unfälle im Haushalt, am Arbeitsplatz und im Straßenverkehr kommen unter Alkoholeinfluß deutlich häufiger vor und betreffen dann oft auch unbeteiligte Menschen. Daraus können sich rechtliche Konsequenzen und finanzielle Probleme ergeben. Diese lassen sich teilweise auch aus den schieren Kosten des Genußgiftes herleiten und oft auch aus beruflichem Versagen durch psychische Symptome der Alkoholabhängigkeit wie Niedergeschlagenheit, Konzentrations- und Gedächtnisstörungen, Beeinträchtigung der kritischen Urteilsfähigkeit, Antriebsverminderung bis hin zu psychotischen Störungen (mit Wahnvorstellungen und Halluzinationen) und im Entzug Angst und Schlafstörungen. Hinzu kommen Fehlzeiten wegen der bereits erwähnten und anderer körperlicher Folgen des Trinkens und häufig verspätetes Erscheinen am Arbeitsplatz.

Was ist nun eine Einheit Alkohol? Zum Beispiel ein kleines Bier, eine Abmessung Schnaps, ein Glas Wein, ein kleines Glas Sherry, eine Abmessung Wermut oder ein Aperitif. Dabei ist das gemeint, was Sie bei einer Bestellung im Restaurant oder in der Kneipe erhalten. Zu Hause bedienen Sie sich und Ihre Gäste wahrscheinlich wesentlich großzügiger. Dementsprechend ergibt sich eine realistische Einschätzung Ihres Alkoholkonsums nur, wenn Sie die Zahl der in privatem Rahmen getrunkenen Gläser mit zwei, drei oder sogar vier multiplizieren, je nachdem, wie groß die Menge im Vergleich mit der in der Gastronomie ausgeschenkten ist.

Entscheidend ist nicht nur die wöchentliche Gesamtmenge, sondern auch die Verteilung über die Zeit. Gelegentliche Trinkexzesse sind noch schädlicher als ein gleichmäßig verteilter überhöhter Alkoholkonsum.

Wenn Sie es schaffen, in das folgende Schema auf bekannte Weise den Tag und die Uhrzeit, die Situation (wo, mit wem, wann), die Menge, das Getränk und wie Sie sich anschließend fühlen einzutragen, können Sie leichter erkennen, was bei Ihnen Alkoholkonsum auslöst und ob er sich in jedem Falle „lohnt". Dann können Sie versuchen, typische Auslöser (Besuch einer bestimmten Kneipe mit einem Freund, der Sie sofort neckt, wenn Sie nicht mit ihm mithalten) zu vermeiden oder anders mit ihnen umzugehen. Im genannten Beispiel könnten Sie sich klarmachen, daß dieser Freund wahrscheinlich selbst ein Alkoholproblem hat, das er nicht wahrhaben möchte. Deshalb bereitet ihm ein Begleiter, der weniger trinkt als er selbst, ein schlechtes Gewissen, oder er kann sich zumindest nicht vor sich selbst damit rechtfertigen, auch nicht mehr zu trinken als andere. Außerdem fühlt er sich vermutlich am wohlsten in Gegenwart von Menschen, die ähnlich angeheitert sind wie er und damit unkritischer als völlig nüchterne Personen. Vielleicht bildet er sich sogar ein, nur Ihretwegen noch ein Glas mehr zu trinken, um Ihnen Gesellschaft zu leisten oder „einen auszugeben". Wenn Sie diese Mechanismen durchschauen, lassen Sie sich weniger leicht unter Druck setzen, meinen nicht mehr, Ihrem Freund zuliebe mithalten zu müssen, um „kein Spielverderber" zu sein. Wahrscheinlich täten Sie nicht nur sich selbst, sondern auch ihm einen Gefallen, wenn Sie gelegentlich ein Mineralwasser bestellten.

Dieters Trinktagebuch
Datum: So., 13. 8.

Uhrzeit	Situation	Menge/Getränk	Anschließendes Befinden
11.30	Frühstück mit Freunden	1 Glas Sekt	belebt
12.00	Frühstück mit Freunden	1 Glas Sekt	schmeckt sehr gut
20.30	Restaurant mit Freunden	1 Wermut	steigt zu Kopf, seit dem Frühstück nichts gegessen
21.00	Fischgericht	1 Glas Weißwein	werde etwas müde
21.30	Fleischgericht	1 Glas Rotwein	müde
22.00	Nachspeise	Likör im Obstsalat	sehr müde
22.30	vom Wirt ausgegeben	1 Glas Cognac	eindeutig zuviel

Datum: Mo., 14. 8.

Uhrzeit	Situation	Menge/Getränk	Anschließendes Befinden
17.30	genervt vom Dienst zurück/allein	1/3 l Bier	etwas entspannter
18.00	hungrig beim Kochen/allein	1 Glas Weißwein	macht das Kochen erträglich
18.30	essen/allein	1 Glas Weißwein	schmeckt gut zum Essen
19.00	Nachrichten im Fernsehen/allein	1/3 l Bier	sonst noch langweiliger
20.30	auf der Terrasse bei Freunden	1/3 l Bier	löscht Durst nach Radfahrt

Uhrzeit	Situation	Menge/Getränk	Anschließendes Befinden
21.00	gemeinsam mit den Freunden	1 Glas Rotwein	werde etwas müde
21.30	wollte nicht ablehnen	1 Glas Rotwein	sehr müde
22.00	besonderer Wein mir zuliebe	1 Glas Rotwein	extrem müde

Trinktagebuch
Datum:

Uhrzeit	Situation	Menge/Getränk	Anschließendes Befinden

Schauen Sie Ihr Trinktagebuch durch und entscheiden Sie, bei welchen Gelegenheiten Sie in Zukunft auf Alkohol verzichten wollen. Damit ist nicht unbedingt gleich das ganze Sektfrühstück gemeint, sondern das dritte und auf die Dauer vielleicht auch schon zweite Glas Sekt. Experimentieren Sie mit sich selbst. Finden Sie heraus, wieviel weniger müde am Tage oder Abend selbst und am nächsten Morgen Sie mit weniger Alkohol sind, mit wieviel ruhigerem Gewissen Sie sich ans Steuer setzen können etc. Beachten Sie aber auch, ob Sie ohne Alkohol noch einschlafen können. Wenn Ihnen dies nicht oder nur unter Schwierigkeiten gelingt, ist dies ein Zeichen für eine Abhängigkeit, der gegenzusteuern sicher in Ihrem Interesse ist.

Um Ihre mögliche Abhängigkeit einzuschätzen, lohnt es sich, auszuprobieren, wie lange Sie es ohne Alkohol aushalten und wie sehr er Ihnen fehlt. Beobachten Sie darüber hinaus, innerhalb welcher Zeit sich wieder Ihr altes Trinkmuster etabliert – je schneller dies geht, desto abhängiger sind Sie. Manchen Menschen fällt es nicht besonders schwer, zwei bis drei Wochen auszusetzen, insbesondere unter veränderten Umständen.

Herwig trank zu Mahlzeiten gern Wein, anschließend gelegentlich einen Cognac. Problematisch wurde es besonders, wenn er beim Schreiben in größeren Mengen hochprozentigen Alkohols Inspiration suchte. Auf Reisen – insbesondere zu seiner Tochter und ihrer Familie, wenn also der häusliche Vorrat nicht greifbar war, und er nicht in der gewohnten Umgebung an seinem Computer schrieb – gelang ihm häufig eine erstaunliche Reduktion seines Konsums. Auch bei einem mehrwöchigen Krankenhausaufenthalt litt er nicht unter Entzugssymptomen. Aber schon einige Tage vor der Entlassung ging er in eine nahegelegene Kneipe und trank Alkohol. Auch nach Reisen kehrte er meist schnell zu seinen alten Trinkgewohnheiten zurück.

Eine Umgebung, in der sich weniger Versuchungen bieten, ist also durchaus hilfreich, um den Alkoholkonsum einzuschränken. Solch günstige Bedingungen reichen aber nicht aus, wenn der Erfolg anhalten soll. Eine bewußte Entscheidung, Ihren Lebensstil zu ändern, gehört ebenfalls dazu.

Sie brauchen sich keineswegs vorzunehmen, nie wieder Alkohol anzurühren. Dieser Entschluß würde Ihnen wahrscheinlich unnötig schwer fallen, denn Sie haben ja nicht ohne Grund bisher getrunken. Außerdem wüßten Sie bis zu Ihrem Lebensende nicht, ob Sie erreicht haben, was sie wollten. Ein solcher Entschluß paßt sehr gut zu dem Alles-oder-Nichts-Denken, das Ihre Selbstachtung untergräbt, da bereits die kleinste Unvollkommenheit völliges Versagen bedeutet. Die Behauptung, Sie müßten zwangsläufig einen kompletten Rückfall erleiden, wenn Sie je wieder einen Schluck trinken, gerät leicht zu einer sich selbst erfüllenden Prophezeiung. Sie sind dann nämlich immer dann, wenn Sie aus besonderem Anlaß nur wenig Alkohol zu sich nehmen, der Meinung, daß nun ohnehin alles zu spät sei und Sie weiter trinken könnten, ohne daß dies noch eine Rolle spiele. Möglicherweise würden Sie sich auch aus Scham und Verzweiflung über Ihren vermeintlichen Fehltritt betrinken wollen. Nur wenn Sie seit Jahren an einer schweren Alkoholabhängigkeit leiden und (dadurch) einen hirnorganischen Schaden haben oder über 35 Jahre alt sind, ist es wahrscheinlich sinnvoll, in Zukunft so wenig wie möglich zu trinken. Jüngere Menschen ohne bleibende Veränderungen ihres Gehirns können durchaus versuchen, zu einem maßvollen Alkoholkonsum zurückzukehren.

Sie haben recht, wenn Sie dies als eine Herausforderung ansehen, die harte Arbeit verlangt. Lassen Sie sich aber nicht einschüchtern von der schier unendlich erscheinenden Zeit, in der Sie Ihr Trinken kontrollieren wollen. Auch auf dieses Problem bezogen gilt, daß Sie nur einen Tag auf einmal leben müssen und können. Und jeder Tag, an dem Sie weniger als am Vortag, mäßig oder gar nicht getrunken haben, ist ein Erfolg, auf den Sie mit Recht stolz sein können. Die Tage, an denen Ihnen dies nicht gelungen ist, bieten Ihnen eine ideale Gelegenheit zu lernen. Überlegen Sie (anhand Ihres Tagebuchs) genau, warum Sie trotz Ihres Vorsatzes, wenig(er) oder nichts zu trinken, doch der Versuchung nicht widerstehen konnten. Läßt sich an den ungünstigen Bedingungen etwas verändern, oder lassen sich riskante Situationen vermeiden, bis Sie gefestigter sind? Wenn nicht, welche Strategie können Sie anwenden, um sich so zu verhalten, wie Sie eigentlich möchten?

Nehmen wir ein Familienfest, bei dem Sie nicht fehlen dürfen, und auf dem verschiedene Alkoholika ausgeschenkt werden. Wenn Sie lieber nicht mit einem Glas Sprudelwasser anstoßen möchten, wenn alle (wirklich alle?) anderen Sekt trinken, können Sie Ihr Glas nur pro forma zum Munde führen und nach einiger Zeit unauffällig abstellen. Vielleicht gelingt es Ihnen auch, nur einen Schluck oder nur ein Glas zu trinken, und zwar so langsam, daß es noch halb voll ist, wenn nachgeschenkt wird. Dann können Sie – falls Sie meinen, überhaupt kommentieren zu müssen – ablehnen mit der Bitte, erst einmal austrinken zu dürfen.

Auch im weiteren Verlauf des Abends können Sie – wenn Sie Diskussionen vermeiden wollen – sich einschenken lassen, was auch die anderen trinken und dann – je nachdem, ob Sie am liebsten nichts oder lediglich nicht zu viel trinken wollen – nur am Glas nippen oder immer nur dann trinken, wenn Ihr Tischnachbar oder Gegenüber das Glas zum Munde führt. Wenn Sie also selbst Schwierigkeiten haben, ein bekömmliches Tempo anzuschlagen, suchen Sie sich eine Person aus, die nicht offensichtlich selbst ein Alkoholproblem hat, und trinken keinesfalls schneller oder mehr als dieses Vorbild. Nehmen Sie kleine Schlucke, die Sie bewußt genießen. Stellen Sie Ihr Glas immer sofort wieder ab. Lassen Sie sich auch Wasser bringen, um damit und nicht mit Wein Ihren Durst zu löschen.

Wenn es Ihnen hilft und eine gute Ausrede darstellt, um nicht zuviel trinken zu müssen, übernehmen Sie die Aufgabe, das Auto nach Hause zu steuern. Sehen Sie davon jedoch ab, wenn Sie befürchten, möglicherweise trotzdem in Ihrer Fahrtüchtigkeit eingeschränkt zu sein.

Falls Sie feste Gewohnheiten haben, was das allabendliche Getränk betrifft, wechseln Sie zu etwas anderem, um wieder bewußter zu trinken, und vielleicht zu niedriger Prozentigem, um bei gleichem Volumen weniger Alkohol zu sich zu nehmen.

Manche Menschen nehmen die Fastenzeit zum Anlaß, auf Alkohol zu verzichten. Besonders nützlich ist dies, wenn Sie anschließend nicht mehr ganz so viel trinken wie vorher.

Vielleicht hilft Ihnen auch ein Urlaub in einem Land, wo wenig getrunken wird und Alkohol teuer ist, Ihre Trinkgewohnheiten zu verändern.

Wie wichtig aber bei alledem die Motivation ist, zeigt das Beispiel von Rudolf, der durch das eine oder andere Glas nach dem Tennisspiel oder der Hausmusik allmählich zum Geselligkeitstrinker geworden war, was seinen Beruf gefährdete. Er war Handelsreisender auf Provision und konnte sich keinesfalls den Verlust seines Führerscheins leisten und ebenfalls nicht, verspätet und mit dickem Kopf seinen Dienst zu beginnen. Als dann noch besorgniserregende Leberwerte hinzukamen und eine längere Krankheit seine Existenz und die seiner Frau und drei Kinder gefährdet hätte, war sein Entschluß, dem gegenzusteuern, schnell gefaßt. Wenn er sich vor Augen führte, was auf dem Spiel stand, gelang es ihm immer wieder, „Nein“ zu sagen, und er konnte bald wieder wie früher maßvoll genießen.

Um Ihre eigene Motivation zu erhöhen, ist es hilfreich aufzuschreiben, weshalb eine Einschränkung Ihres Trinkens günstig wäre. Sie können die Vorteile unterteilen in solche für Sie selbst und andere für Ihre Familie. Es gibt aber sicher auch Gründe, warum Sie viel getrunken haben und dies bisher nicht aufgeben mochten. Schreiben Sie auch diese auf, damit Sie sich darüber klar werden, welche inneren Widerstände Sie bei der Reduktion Ihres Alkoholkonsums überwinden müssen.

Bei Herwig sahen die Argumente für und gegen eine Verminderung des Trinkens so aus:

Vorteile	***Nachteile***
für mich	***für mich***
Meine Frau würde weniger mekkern.	*Ich müßte auf einen Genuß verzichten.*
Meine Töchter würden mir keine Vorwürfe machen und mir nicht aus dem Weg gehen.	*Ich mag kein Gesundheitsapostel sein.*
Ich würde wahrscheinlich keine Briefe schreiben, die ich nachher bereuen müßte.	*Ohne Alkohol fällt mir am Computer nichts ein.*
Ich hätte weniger Schuldgefühle meiner Familie gegenüber.	*Ich müßte meine Stimmung stets ohne Alkohol ertragen.*

für andere	***für andere***
Meine Frau machte sich weniger Sorgen um mich und hätte immer einen ernst zu nehmenden Gesprächspartner.	*Nüchtern bin ich weniger nachsichtig und großzügig.*
Meine Töchter müßten sich nicht für mich schämen.	

Wie Sie sehen, war die Bilanz bei Herwig ziemlich ausgeglichen, zumal die kritischen Töchter nicht in der Nähe lebten. Daher verwundert es nicht, daß er sich nicht wirklich entschließen konnte, das Ruder herumzureißen. Er trank – je nach Gelegenheit – mehr oder weniger, aber weiterhin mit zunehmender Häufigkeit zuviel. Das änderte sich erst, als seine Frau ihn zu verlassen drohte und auch zwei seiner Töchter ihn nicht mehr sehen wollten, wenn er ange-

trunken war. Die Bewältigung des Alkoholproblems wirkte sich auch auf andere Lebensbereiche günstig aus. Er war mit Recht stolz auf sich, was seine Stimmung verbesserte. Das entspanntere Verhältnis zu seiner Familie tat ihm ebenfalls sehr gut. Er hatte mehr Antrieb, weshalb weniger Arbeit liegenblieb. Deshalb gab es seltener Ärger wegen verpaßter Termine oder Unordnung in den mit seiner Frau gemeinsam genutzten Räumen. Da er nun die verbleibende Depression vorwiegend nüchtern erlebte, war er motiviert, auch dieses Problem direkt anzugehen. Ähnlich wie bei einer Reihe von Domino-Steinen alle umfallen, wenn Sie den ersten anstoßen, so ergab sich auch hier eine Kettenreaktion, und zwar eine sehr erfreuliche.

Damit Sie leichter einen Überblick über Ihre Motivation, weniger zu trinken, gewinnen können, habe ich auch für Sie einen Bilanzbogen vorbereitet. Machen sie sich am besten eine Kopie, die Sie immer bei sich tragen. Sie können dann jederzeit Ihre Liste ergänzen und sich in Versuchungssituationen noch einmal vor Augen führen, was für eine gewisse Zurückhaltung spricht. Herwig war sich nicht bewußt gewesen, daß Alkohol zu Depressionen beitragen kann. Deshalb erwähne ich es an dieser Stelle noch einmal.

Einschränkung des Alkoholkonsums

Vorteile	**Nachteile**
für mich	**für mich**
für andere	**für andere**

Kapitel 17
Bewegen Sie sich genug?

Bewegungsmangel kann die Stimmung drücken, und umgekehrt können Sie im wahrsten Sinne des Wortes gegen Ihre Depression angehen. Es muß kein Sport sein, der Ausdauer, Geschicklichkeit, Geschwindigkeit oder gar eine teure Ausrüstung oder einen hohen Clubbeitrag erfordert. Auch der Zeitaufwand kann sich durchaus in Grenzen halten und wird durch Ihre größere Leistungsfähigkeit bei Besserung der Depression mehr als wettgemacht.

Sie können natürlich auch – wenn Sie sportlich waren oder sind und gern Zeit und Geld dafür aufwenden, (wieder) mit dem Tennisspielen oder Reiten beginnen. Vielleicht möchten Sie auch zwei Fliegen mit einer Klappe schlagen und Geselligkeit und Leibesübungen verbinden und melden sich für einen Kurs in Tango, Jazz- oder Gesellschaftstanz an. Oder Sie haben gute Erinnerungen an Mannschaftssport. Wie wäre es mit Rudern, Volley- oder Fußball? – Sie können oder mögen sich nicht zeitlich festlegen, wollen sich aber ein bißchen selbst überlisten? – Dann zahlen Sie doch den Beitrag für ein Fitneßcenter oder Aerobic-Studio und hoffen darauf, daß Sie das Geld nicht umsonst ausgeben wollen, sondern wirklich Gebrauch davon machen. – Sie wissen nicht, wo Sie Ihre kleinen Kinder während dieser Zeit lassen sollen? – Manche Sportvereine bieten gemeinsame Programme für beide Generationen an (siehe Anhang für Adressen). Eine meiner Kolleginnen vergnügt sich beim Inlineskating (auf Rollschuhen mit vier hintereinander montierten Rollen) mit ihrem Sohn. Eine andere läuft mit ihren drei Kindern Schlittschuh.

Als Frau können Sie auch mehrere Interessen verbinden, indem Sie Selbstverteidigung lernen (Adressen finden Sie im Anhang). Dort treffen Sie andere Frauen, die ohne Begleitung sicher ausgehen wollen. Das bedeutet, daß die meisten Kursteilnehmerinnen nicht völlig ausgebucht sind mit Familien- oder Paaraktivitäten. Sie haben also gute Chancen, eine Frau kennenzulernen, mit der Sie sich zu gemeinsamen Unternehmungen verabreden können. Im allgemeinen besteht ein Teil der Selbstverteidigung in körperlichen Fertigkeiten, der Rest aber in selbstsicherem Auftreten und Geschick im Umgang mit schwierigen Menschen und Situationen. Das dürfte Ihr Gefühl, hilflos ausgeliefert zu sein, vermindern und Ihr Selbstwertgefühl heben – alles probate Mittel gegen Depressionen.

Falls Sie Platz, Geld und ein Herz für einen Hund haben, bringt der Sie vielleicht ebenso vor die Tür wie sie ihn. Einer meiner Patienten hat nicht nur viel Freude an seinem Vierbeiner. Dieser war während einer schweren Depression auch das einzige Lebewesen, in dessen Gegenwart seine Selbstwertprobleme keine Rolle spielten.

Schreiben Sie kurz auf, worauf Sie Lust hätten oder neugierig wären. Dann gehen Sie Ihre Liste noch einmal durch und verteilen Noten von 1–10, je nachdem wie gern Sie auf diese Art etwas Bewegung in ihr Leben bringen würden. Notieren Sie dann in einer zweiten Spalte, wie praktikabel die jeweilige Idee ist. Tauchen in der Südsee erhält vielleicht beim ersten Durchgang eine 10, der Sonntagsspaziergang erst bei der zweiten Runde. Skilaufen und Schwimmen im Meer müssen bei den meisten Menschen wahrscheinlich bis zum nächsten (Kurz-) Urlaub aufgeschoben werden. Aber mit Skigymnastik und Schwimmen im Hallen- oder Freibad können Sie sich schon jetzt darauf vorbereiten.

Bauen Sie körperliche Aktivitäten langsam in Ihren Alltag ein, ohne sich zu überfordern. Gehen Sie heute nach dem Abendessen einmal um den Block, und steigern Sie die Dauer Ihres Spaziergangs jedes Mal um fünf Minuten. Sorgen Sie dafür, daß Sie sich mindestes dreimal pro Woche Zeit dafür nehmen, auf diese Weise etwas gegen Depression, Osteoporose (Knochenentkalkung), Herz-/Kreislaufprobleme und Übergewicht zu tun. Übrigens verbrauchen Sie pro Strecke gleich viel Kalorien, unabhängig davon, ob Sie joggen oder gehen.

Benutzen Sie wieder Treppen, zumindest für ein Stockwerk, später für zwei oder drei. In Untergrundbahnstationen oder Bahnhöfen kommen Sie oft schneller voran, wenn Sie neben der überfüllten Rolltreppe aus eigener Kraft nach oben oder unten gelangen. Falls Sie öffentliche Verkehrsmittel benutzen, können Sie eine und allmählich auch mehrere Stationen vor dem Ziel aussteigen und den Rest laufen. Wenn Sie Auto fahren, parken Sie nicht vor der Tür. Vielleicht können Sie manche Strecken mit dem Rad fahren, ohne Parkplatzsorgen oder schlechtes Umweltgewissen. Es gibt Sättel, die für enge Röcke geeignet sind, und fest montierte Körbe, in denen sich einiges transportieren läßt.

Wichtig ist, daß Sie (bald) Bewegung nicht als Pflicht, sondern als Vergnügen empfinden.

Kapitel 18
Ernähren Sie sich richtig?

Nicht nur Bewegung ist wichtig, damit sich der ganze Mensch wohlfühlt, sondern auch die Ernährung. Abmagerungskuren stellen einen Risikofaktor für die Auslösung, wenn nicht gar Verursachung von Depressionen dar. Außerdem führen sie langfristig fast nie zu dem gewünschten Gewichtsverlust. Je drastischer die Einschränkung der Kalorienzufuhr, desto weniger läßt sich diese Ernährung auf Dauer durchhalten. Statt einer dauerhaften Änderung des Lebensstils einschließlich körperlicher Bewegung folgt der Diät meist über kurz oder lang genau jenes Eßverhalten, das zum Übergewicht oder zumindest zur Unzufriedenheit mit der eigenen Figur geführt hat. Allerdings hat sich der Körper während des Hungerns darauf eingestellt, mit weniger Nahrung auszukommen. Schließlich wurde der Mensch ja nicht für unsere Überflußgesellschaft geschaffen, sondern dafür, daß er auch unter großen Entbehrungen überleben kann.

Weder das Funktionieren unseres Körpers noch unser Verhalten haben jedoch mit den veränderten Lebensbedingungen Schritt gehalten, insbesondere was den fast völligen Mangel an Muskelbelastung und das nahezu unbegrenzte Nahrungsangebot betrifft. Was früher nur an hohen Festtagen oder von wenigen gichtgeplagten Reichen gegessen wurde, gehört heute für die meisten Bürger hochindustrialisierter Länder zum Alltag: Fleisch, Fisch, Fett und Zucker. Hinzu kommt, daß wir viele Speisen kaum oder gar nicht zubereiten und kauen müssen: Eiscreme, Pudding und ähnliches, Yoghurt, Quark, Milkshakes und andere süße Getränke, Suppen, Nudeln, Fertiggerichte etc. Wenn dann – wie beispielsweise bei einer Mousse au chocolat – der Verzehr nicht dadurch verlangsamt wird, daß jeder Löffel oder Biß erst abkühlen oder im Mund schmelzen muß, essen Sie leicht so schnell, daß Sie nicht rechtzeitig merken, daß Sie genug haben. Denn das Sättigungsgefühl hängt vom Blutzuckerspiegel und der Füllung Ihres Magens ab. Eine voll ausreichende Menge so hoch konzentrierter Kost wie jener französischen Nachspeise hat aber nur ein geringes

Volumen. Und der Blutzuckerspiegel kann erst steigen, wenn die Nahrung aus dem Magendarmtrakt aufgenommen und in Glucose verwandelt wurde. Dies nimmt jedoch unter Umständen mehr Zeit in Anspruch als der rasche Verzehr so mancher Köstlichkeit.

Viele Speisen sind nicht nur leicht verfügbar, sondern auch äußerst verführerisch, so daß wir keineswegs nur aus Hunger essen. Außerdem sind gemeinsame Mahlzeiten wohl in allen Kulturen eine wichtige Gelegenheit zur Kommunikation, weshalb wir uns auch ohne großen Appetit an den gedeckten Tisch setzen. Die Kunst besteht nun darin, trotz allem nicht ständig mehr zu uns zu nehmen, als wir benötigen. Am besten setzen Sie an beiden Seiten der Energiebilanz an und erhöhen den Verbrauch durch mehr körperliche Bewegung, die Ihrem Leib und Ihrer Seele ohnehin guttut. Viele müssen sich aber zusätzlich immer wieder klar machen, daß sie vermutlich jederzeit lecker essen können und außer Völlegefühl und schlechtem Schlaf nichts davon haben, bei allen fünf Gängen den Teller leer zu essen oder gar Nachschlag zu nehmen. Soviel Vernunft bringen Sie aber nicht auf, wenn Sie gerade eine Hungerkur hinter sich oder eine Diät geplant haben. Dann erlauben Sie sich, heute zum letzten Mal über die Stränge zu schlagen – und wenn schon, dann richtig – und hoffen, am nächsten Tag alles wieder auszugleichen.

Auch wenn Sie in Erwartung des üppigen Mahls den ganzen Tag schon wenig gegessen haben, wird es Ihnen kaum gelingen, sich am Abend zurückzuhalten. Wie gesagt, Ihr Körper ist darauf eingestellt, Hungersnöte zu überleben. Er weiß nicht, warum er zu wenig bekommt, und sorgt nur dafür, das nächste Angebot besser zu nutzen. Dies tut er sowohl, indem er so schnell kein Gefühl der Sättigung aufkommen läßt, als auch, indem er verzehrte Nahrung besser verwertet. Deshalb ist es – gerade für Menschen, die gern essen, aber nicht dick sein oder werden wollen – am günstigsten, drei Haupt- und zwei bis drei Zwischenmahlzeiten zu sich zu nehmen. Vermeiden Sie dabei Abstände von mehr als drei Stunden. Schon in den altindischen Gesundheitsregeln des Ayurveda wird empfohlen, nie ganz satt, aber auch nie ganz hungrig zu sein. Wobei ich hinzufügen möchte: Man sollte niemals „niemals" sagen. Menschen sind lebendige Wesen, für die allzu starre Regeln meist unangemessen sind. Das haben inzwischen auch diejenigen eingesehen, die für Zuckerkranke oder Patienten mit bedenklich hohem Cholesterin-Spiegel Diäten entwerfen. So wie ein lebendiges Herz nicht absolut gleichmäßig schlägt, unterliegt auch unser Appetit gewissen Schwankungen. Bei besonderen Gelegenheiten mehr zu essen als wir brauchen, gehört für viele Menschen zu den Genüssen dieses Lebens, die ich auch niemandem verderben will.

Im Gegenteil möchte ich Ihnen lieber noch einige Tricks verraten, wie Sie, ohne auf die Freude am Essen zu verzichten, mit Ihrer Figur zufrieden sein können. Essen Sie – wenn es sich einrichten läßt – mindestens zwei Drittel der Kalorienmenge in den ersten zwei Dritteln des Tages. Die Nahrung, die Sie nicht sofort verbrennen, wird nämlich in Fettdepots gespeichert. Das geschieht natürlich am ehesten dann, wenn Sie abends unmittelbar vor dem Zubettgehen überreichlich essen.

Genießen Sie jeden Bissen bewußt. D. h. lassen Sie ihn langsam auf der Zunge zergehen. Essen Sie nicht im Stehen am Kühlschrank und nicht direkt aus der Verpackung. Decken Sie den Tisch hübsch, und lenken Sie sich nicht durch Fernsehen ab. Nehmen Sie sich vor allem nicht die Erdnußdose oder Familienpackung Kartoffelchips mit vor das Fernsehgerät. Wenn sich die Sendung lohnt, merken Sie kaum, was Sie nebenbei verdrücken. Sie genießen es nicht und spüren auch nicht, wann es genug ist.

Essen Sie nicht die Essensreste Ihrer Kinder auf. *Melanie verwandelte sich binnen weniger Jahre von einer schlanken jungen Frau in eine deutlich übergewichtige Mutter von drei Kindern. Sie war fest überzeugt, fast nichts zu essen. Tatsächlich blieb ihr Teller während der Mahlzeiten mit der Familie weitgehend leer. Allerdings sorgte sie dafür, daß bei ihren lieben Kleinen nichts übrig blieb. Die pickten natürlich nur das Beste heraus, so daß Melanie – völlig unbefriedigt von den unappetitlichen Überbleibseln – anschließend beim Wein etwas knabberte.*

Meiden Sie sogenannte Schlankheitsdiäten! Viele von ihnen schreiben eine sehr einseitige und daher Ihre Gesundheit gefährdende Kost vor. Außerdem verlangen Sie längerfristig Unmögliches von sich und programmieren den Mißerfolg vor. So stolz Sie wahrscheinlich bei anfänglichem Einhalten der Regeln auch sind und wie sehr Sie das Hochgefühl der ersten verlorenen Pfunde genießen mögen, über kurz oder lang kommt die Enttäuschung. Es wird Ihnen nicht gelingen, für den Rest Ihres Lebens auf Schokolade oder gar Süßes allgemein vollkommen zu verzichten. Sie werden auch wieder auf den Geschmacksträger Fett zurückgreifen, wenn Ihnen die in einer Spezialpfanne lediglich erhitzten, aber nicht gebratenen Speisen nicht mehr schmecken. Da Sie damit jedoch gegen selbst auferlegte Gesetze verstoßen, werden Sie ärgerlich oder deprimiert sein. Vor allem werden Sie denken: „Jetzt, wo ich meine Diätregeln gebrochen habe, ist es auch egal. Heute kann ich essen, was und soviel ich will." Da Sie morgen ja wieder mit Ihrem drakonischen Regime beginnen, vielleicht sogar noch mehr hungern wollen, stopfen Sie in sich hinein, was Sie nur können, und nehmen mehr Kalorien zu sich, als Sie sich in einer langen, entbehrungsreichen Zeit vom Munde abgespart haben. Ihr auf Hungersnot eingestellter Körper wird diese Kalorien voll ausnutzen und Ihre mühsam errungenen Erfolge schnell wieder zunichte machen. Überlegen Sie, wer in Ihrem Umfeld bereits eine oder mehrere Diäten gemacht hat und ob er oder sie dadurch auf Dauer zufriedener mit sich und schlanker geworden ist.

Kaufen Sie nicht hungrig ein, wenn Sie ungern Lebensmittel wegwerfen. Ebenso wie Sie sich nach einer übersprungenen Mahlzeit beim Essen schlecht bremsen können, fällt es Ihnen mit leerem Magen schwer, einzuschätzen, wieviel Sie wirklich brauchen. Wenn Sie Schwierigkeiten haben, angebrochene Packungen in Ruhe zu lassen, sind Sie mit der Packungsgröße am besten bedient, die Sie (gemeinsam mit anderen) bei **einer** Mahlzeit verzehren. Ein Vorratssonderangebot spart Ihnen kein Geld, wenn Sie mehr davon essen, als Ihnen guttut.

Damit Sie nicht hungrig vom Tisch aufstehen, noch ein Tip: Warme Mahlzeiten sättigen mehr als kalte mit demselben Kaloriengehalt.

Falls Sie abnehmen oder eine (weitere) Gewichtszunahme verhindern wollen, schränken Sie lieber die Alkohol- als die Nahrungsmittelzufuhr ein. Alkohol enthält „leere" Kalorien, also nichts, was Sie wirklich brauchen, es sei denn, Sie sind schon abhängig und wollen Entzugssymptome vermeiden. Alkohol senkt den Blutzuckerspiegel und macht dadurch hungrig. Gleichzeitig wirkt er enthemmend, so daß Sie nur allzu gern bereit sind, den Käseteller aus dem Kühlschrank zu holen und erst ab morgen gesund zu leben.

Zuallererst einmal sollten Sie sich allerdings daraufhin befragen, ob Sie es überhaupt nötig haben, Kalorien zu sparen. Das sogenannte Idealgewicht, das früher aus der Körperlänge minus hundert und dann noch minus zehn, bei Frauen sogar manchmal fünfzehn Prozent errechnet wurde, ist als Maßstab sehr irreführend. Lebewesen sind sehr verschieden. Natürlich ist nicht für alle Männer oder Frauen einer Körperlänge ein bestimmtes Gewicht ideal. Wie bei Intelligenz, Kopfumfang, Laborwerten für Blut und Harn gibt es auch für das Gewicht einen Norm**bereich**. Er berechnet sich aus dem Gewicht in Kilogramm, geteilt durch die Körperlänge in Metern zum Quadrat. Das Ergebnis nennt man Body mass index (BMI) oder Körper-Masse-Index.

Adelheid wiegt bei einer Ernährung wie der oben beschriebenen 58 kg und ist 1,68 m groß. Ihr Körper-Masse-Index ist also $58/1,68^2$ kg/m² = 58/2,82 kg/m² = 20,57 kg/m². Damit liegt sie im Normbereich, der von 20 bis 25 kg/m² reicht. Solange Sie in diesem Rahmen bleiben, besteht aus gesundheitlichen Gründen kein Anlaß zur Gewichtsabnahme.

An der Philipps-Universität Marburg wurden in einer für die alte Bundesrepublik Deutschland repräsentativen Querschnittstudie für beide Geschlechter BMI-Kurven erstellt, an denen Sie ablesen können, wieviel Prozent Ihrer gleichgeschlechtlichen Altersgruppe schwerer oder leichter sind als Sie. Das Gewicht nimmt nämlich in der Gesamtgruppe der Frauen und der Männer bis zum Alter von 55 Jahren zu, bleibt dann bei den Frauen gleich und nimmt bei den Männern allmählich wieder etwas ab. Dabei ist nicht klar, ob die schwereren Menschen früher sterben, die Überlebenden abnehmen oder beides, was am wahrscheinlichsten ist. Derartige Kurven, die (noch) nicht weit verbreitet sind, haben gegenüber dem BMI den Vorzug, daß sie die bei der Mehrzahl der Menschen in Industrieländern zu beobachtenden Gewichtsveränderung im Laufe eines Lebens wiedergeben.

Vielleicht sind Sie jedoch mit Ihrer Figur unzufrieden, weil Sie nicht so aussehen wie die Models auf den Titelseiten der Illustrierten. Wenn Sie im Urlaub einen Strandspaziergang machen, wird Ihnen sicherlich aufgefallen sein, daß kaum jemand eine makellose Figur aufzuweisen hat. Dennoch scheinen die meisten Menschen sich ihres Lebens zu freuen, vielfach in Gesellschaft anderer und durchaus auch des anderen Geschlechts. Natürlich ist der erste Eindruck, den Sie erwecken, stark von Ihrem Äußeren geprägt. Dazu gehören aber ebenso Ihr Lächeln, Ihre Kleider und Accessoires und wie gepflegt Sie wirken. Auch Ihre Stimme nimmt man wahr, sobald Sie den Mund auftun und lange bevor man sich über den Inhalt des Gesagten ein Urteil gebildet hat. Sie tun sich mit Sicherheit keinen Gefallen, wenn Sie erst wieder ausgehen, schwimmen, sich um eine Stelle bewerben, Kleidung kaufen und alles mögliche andere tun wollen, wenn Sie Ihr Traumgewicht erreicht haben. Sie sitzen damit einem Vorwand auf, Ihr Leben vor sich her zu schieben. Weder Selbstsicherheit noch andauernd gute Laune, Freunde, Traumpartner, Studien- oder berufliche Erfolge stellen sich wie von selbst ein, nur weil Sie abgenommen haben. Es könnte eher umgekehrt laufen: Wenn Sie, vielleicht sogar trotz eines tatsächlichen Übergewichts, einen netten Menschen kennengelernt oder eine Ausbildung angefangen haben, ist die Versuchung, aus Langeweile und Frust zu essen, geringer und damit nach einiger Zeit vielleicht auch Ihr Gewicht.

Das hängt natürlich auch davon ab, wieviel Sie einerseits essen und trinken und sich andererseits bewegen. Ob Sie aber ein guter oder schlechter Futterverwerter sind, wird von Ihren Genen beeinflußt. Wenn die meisten Ihrer Blutsverwandten eher mollig sind, ist das vermutlich auch Ihr Schicksal. Sie können versuchen, ihm durch Hungern zu entgehen. Selbst wenn es Ihnen gelingen sollte, stellt sich die Frage, ob die etwas modegerechtere Figur all die Entbehrungen wert ist. Ein alter Spruch lautet „Gut essen und trinken hält Leib und Seele zusammen". Interpretiert man „gut" nicht im Sinne von „viel", sondern als „angemessen", so kann ich mich dem anschließen und möchte nur nochmals daran erinnern, daß Sie sich darüber hinaus einen Gefallen tun, wenn Sie sich ausreichend bewegen.

Kapitel 19

Geht es Ihnen vor oder während der Regelblutung besonders schlecht? – Prämenstruelle Beschwerden und andere Auswirkungen von Hormonen auf unser Fühlen und Denken

In den USA ist das prämenstruelle Syndrom (premenstrual syndrome, PMS) so bekannt, daß es T-Shirts mit dem Aufdruck „I have got PMS" gibt (so die Auskunft von Christine Windbichler). Unabhängig davon, wieviel Bedeutung man hormonellen Schwankungen im Einzelfall beimißt, halte ich es für ausreichend belegt, daß Hormone unser Fühlen und Denken beeinflussen.

Vielleicht kennen Sie jemanden, der unter einer Schilddrüsenüberfunktion leidet und sehr gereizt, aufgeregt oder ängstlich ist. Menschen mit einer Schilddrüsen-Unterfunktion sind häufig niedergeschlagen und fühlen sich müde und antriebslos.

Nebennierenrinden-Hormone, ob vom Körper selbst produziert oder als Heilmittel (Kortison) zugeführt, können sowohl zu Depressionen als auch zu deren Gegenstück, einer Manie, führen.

Die Geburt eines Kindes zieht hormonelle Umstellungen nach sich, die das seelische Wohlbefinden mitunter schwer beeinträchtigen können. Tatsächlich werden innerhalb eines Monats nach einer von 500 bis einer von 1000 Lebendgeburten die Mütter so schwer psychisch krank, daß eine stationäre Behandlung angezeigt ist. Erstgebärende und ledige Mütter scheinen dabei stärker gefährdet zu sein als andere frisch Entbundene. Während Schwangere seltener stationär psychiatrisch behandelt werden als gleich alte Frauen derselben Sozialschicht, die kein Kind erwarten, werden Wöchnerinnen bis zu einem Monat nach der Entbindung um ein vielfaches häufiger in Nervenkliniken aufgenommen als gleichaltrige Frauen, die nicht gerade kein Kind bekommen haben. Auch leichtere seelische Beschwerden bis hin zu psychiatrischen Erkrankungen sind bei Müttern mit bis zu einem Jahr alten Kindern deutlich verbreiteter als bei bezüglich Alter und sozioökonomischer Kriterien vergleichbaren Frauen ohne Säugling.

Sehr viel häufiger als Wochenbett-Psychosen sind die „Heultage" oder der „Baby Blues" nach der Entbindung. Selbst Mütter, die sich ihr Kind sehnlich gewünscht und gesund bekommen haben, deren Partner sich ebenso auf Nachwuchs gefreut hat und sie liebevoll unterstützt, erleben zu ihrem eigenen Unverständnis wenige Tage nach der Entbindung Niedergeschlagenheit und Gereiztheit statt des erwarteten Mutterglücks. Sofern sie nicht wissen, daß dies bei sehr vielen Wöchnerinnen vorkommt, machen sie sich unter Umständen Vorwürfe, undankbar und eine „Rabenmutter" zu sein. Dies drückt ihre Stimmung weiter, so daß ein Teufelskreis entstehen kann. Deshalb ist es wichtig, diese verwirrenden Gefühle als das zu erkennen, was sie sind, nämlich im wesentlichen Folge einer plötzlichen hormonellen Umstellung und nicht Anzeichen mangelnder Mutterliebe oder charakterlicher Mängel. Tröstlich ist auch zu wissen, daß diese psychischen Beschwerden meist nach wenigen Tagen vorübergehen und in den seltensten Fällen Vorboten ernsthafter Erkrankungen sind. Gelassenes Abwarten und das Schaffen von Bedingungen, unter denen sich die von der Entbindung und dem häufig unterbrochenen Schlaf erschöpfte Mutter erholen kann, sind deshalb am sinnvollsten. Vorbeugend kann es hilfreich sein, den Mythos von der Bedeutung des Hautkontaktes unmittelbar nach der Geburt stichhaltigen Forschungsergebnissen entsprechend zu relativieren. Wichtiger als das Schmusen mit dem Neugeborenen ist, daß Mutter und Kind so schnell wie möglich zu Kräften kommen und sich dann, wenn der Mutter wirklich danach zumute ist, ohne Leistungsdruck und die Erwartung überwältigender Glücksgefühle Zeit füreinander nehmen.

Nun zurück zum prämenstruellen Syndrom. Ähnlich wie bei psychiatrischen Erkrankungen im Wochenbett und den „Heultagen" verlaufen die hormonellen Umstellungen wahrscheinlich bei allen Frauen relativ ähnlich. Jedenfalls wurden keine bedeutsamen Unterschiede zwischen den Hormonspiegeln von Frauen mit und ohne Wochenbettpsychose gefunden. Allerdings findet man bei den Blutsverwandten und in der Vorgeschichte der von dieser Erkrankung Betroffenen vermehrt affektive Störungen, d. h. Depressionen und Manien. Deshalb wird eine individuell sehr verschiedene Reaktion auf die bei allen Frauen ähnlichen Veränderungen im Hormonhaushalt vermutet, wobei zumindest bei manchen Frauen eine genetisch bedingte Anfälligkeit eine Rolle zu spielen scheint.

Wie Sie sicher aus Ihrem Umfeld wissen, stellen viele Frauen keine seelischen Veränderungen in Abhängigkeit von ihrem Zyklus fest.

Andere Frauen hingegen (und ihre Familien) fürchten ihre regelmäßig auftretende Gereiztheit, die zum Beispiel bei einer meiner Freundinnen häufig zum Ehekrach führt. Seelische Verstimmungen können ebenfalls sehr unangenehm sein. *Eine meiner Mitstudentinnen wurde immer wieder aus heiterem Himmel tieftraurig und verzweifelt. Sie selbst nannte es „Weltuntergangsstimmung" und war immer wieder überrascht, daß am nächsten Tag ihre Regelblutung begann und der ganze Spuk vorüber war. Eine andere junge Frau schlief meist in der Nacht vor dem Einsetzen der Menses sehr schlecht. Da sie ohnehin zu Schlafstörungen neigte, fürchtete sie meist, daß nun ihr altes Problem erneut beginne. Sie war dann erleichtert, am nächsten Tag eine andere Erklärung zu finden und am folgenden Abend auch wieder gut einschlafen zu können.* Falls es Ihnen ähnlich geht, denken Sie daran oder lassen Sie sich von Ihrem Helfer oder Ihrer Helferin daran erinnern, daß dieses Stimmungstief, dieses Schwarzsehen, diese Gereiztheit oder Schlaflosigkeit bald vorüber sein werden. Machen Sie sich eine Notiz in Ihrem Kalender, wann Sie die nächste Menstruation erwarten, und schauen Sie bei unerklärlicher Niedergeschlagenheit oder anderen seelischen Beschwerden nach, ob es sich nicht vielleicht um ein schnell vorübergehendes Problem handelt. Dann ziehen Sie sich – wenn die Reizbarkeit im Vordergrund steht – vielleicht am besten zurück, um unnötige Zusammenstöße zu vermeiden. Ob Sie bei einem Stimmungstief eher Nähe und Zuspruch oder Ruhe und Abstand brauchen, wissen Sie selbst ohnehin am besten oder testen es in Zukunft aus. Verlangen Sie vor allem nicht täglich dieselbe Hochleistung von sich und erwarten Sie auch nicht, jeden Tag gleich gut gelaunt zu sein. Werden Sie nicht zusätzlich depressiv, weil Sie nicht akzeptieren mögen, daß Sie gelegentlich bedrückt, mißmutig und lahm sind. Gönnen Sie sich an solchen Tagen und wenn Sie durch Schmerzen oder Blutverlust beeinträchtigt sind, soviel Ruhe wie möglich. Vielleicht verwöhnen Sie sich mit etwas, für das Sie sich sonst keine Zeit gönnen, z. B. indem Sie mit Ihrer Lieblingslektüre früh zu Bett gehen, einen Telefonschwatz mit einer Freundin halten oder durch ein anspruchsloses Fernsehprogramm die Zeit überbrücken, bis es Ihnen wieder besser geht. Das gilt natürlich ebenso für Zeiten, in denen Sie durch eine Erkältung, während oder nach einer Grippe oder durch besondere Anstrengungen erschöpft und vielleicht auch leicht depressiv sind.

Frauen, die besonders auf ihre Figur achten und sich häufig wiegen, haben oft noch eine zusätzliches Problem. Um die Zeit der Regelblutung lagert der Körper bei vielen Frauen Flüssigkeit ein, was zu einer Gewichtszunahme führt. Außerdem kommt es häufig zu einer vorübergehenden Appetitsteigerung. Wer deshalb mehr ißt und dann voller Sorge auf die Waage steigt, meint unter Umständen, durch die leicht erhöhte Kalorienzufuhr deutlich zugenommen zu haben und stellt sich vor, wie dick man bei anhaltendem Trend binnen kurzem sein wird. Es handelt sich aber nicht um eine Substanzzunahme, sondern lediglich um mehr Wasser im Gewebe, das nach wenigen Tagen wieder ausgeschwemmt ist. Wenn Sie aber vor Frust über das zusätzliche Kilo den Kühlschrank leeren oder die Vorräte an Süßigkeiten plündern, können Sie das herbeiführen, wovor Sie sich so sehr fürchten. Gönnen Sie sich also lieber so viel, wie Sie Ihrem Hunger entsprechend essen möchten, und wiegen Sie sich erst wieder nach der Regelblutung. Es ist ohnehin völlig ausreichend, wenn Sie Ihr Gewicht einmal pro Woche kontrollieren.

Bisher habe ich in diesem Kapitel die biologischen Ursachen hervorgehoben und belastende Lebensereignisse und soziale Umstände nur im Zusammenhang mit psychischen Störungen im Wochenbett angedeutet. Das ist natürlich sehr einseitig. Was ich in Teil I, Kapitel 1 und 4, über psychosomatische Wechselwirkungen geschrieben habe, gilt selbstverständlich auch für den Zusammenhang zwischen hormonellen Einflüssen und seelischem Geschehen. Das läßt sich am Beispiel der Wechseljahrsbeschwerden gut belegen. Sie sind unter Japanerinnen (bisher weitgehend) unbekannt. Das mag natürlich an genetischen Einflüssen liegen. Eine kulturelle Prägung scheint mir aber als Erklärung mindestens ebenso plausibel.

Zahllose Untersuchungen in der westlichen Welt haben nicht klären können, inwieweit Depressionen nach dem Aussetzen der Regelblutung auf den Mangel an weiblichen Hormonen oder auf Veränderungen im Leben der Frau zurückzuführen sind, wobei das „leere Nest" (nach dem Auszug erwachsen gewordener Kinder) in den Vordergrund gestellt wurde. In meinem persönlichen Umfeld – das sicher nicht repräsentativ für die Gesamtbevölkerung ist – konnten sich die Frauen im allgemeinen auch ohne Kinder sinnvoll beschäftigen und waren eher froh, weniger durch Hausarbeit belastet und angebunden zu sein. Sie scheinen damit keine absolute Ausnahme zu sein. Etliche Frauen, die ich kenne, registrierten jedoch mit Bedauern das Nachlassen ihrer Attraktivität, und sie litten natürlich, wenn sie um einer Jüngeren willen verlassen oder betrogen wurden. Sehr wahrscheinlich wirken also bei körperlichen und psychischen Beschwerden in den Wechseljahren biologische, biographische und kulturelle Faktoren zusammen. Es gibt Hinweise dafür, daß ein Ersatz der Hormone, die von jüngeren Frauen noch in ausreichender Menge gebildet werden, nicht nur dem Knochen-, sondern auch dem geistigen Abbau vorbeugt und daß in beiden Fällen nicht mehr wiederhergestellt werden kann, was bereits verloren ist. Noch reichen die Belege aber nicht aus, um eine vorbeugende Hormonsubstitution für alle Frauen nach dem Aussetzen der Regelblutung zu empfehlen. Wie für den Erhalt der Knochensubstanz gilt auch für den der geistigen Frische, daß körperliche und intellektuelle Aktivität einen wichtigen Beitrag leisten – und das ohne die Gefahr unerwünschter Nebenwirkungen.

Ansonsten ist während der Wechseljahre wie auch nach der Geburt des ersten Kindes der Übergang in einen anderen Lebensabschnitt zu meistern, was Anpassung an neue Gegebenheiten erfordert. In beiden Fällen sind Einschränkungen hinzunehmen. Aber nicht nur Kinder, auch höheres Alter eröffnen neue Möglichkeiten. Sie können natürlich Ihre Falten, schlaffen Bauchdecken, zunehmenden Wehwehchen, schwindenden Kräfte und nachlassendes Gedächtnis bedauern. Sie haben aber ebenso die Möglichkeit, sich von der Überbewertung der äußeren Erscheinung befreit zu sehen und lieber durch Ihre Persönlichkeit und Lebenserfahrung Zuneigung und Anerkennung zu gewinnen. Auch beruflich steht es Ihnen nun eher frei, sich nicht mehr nach oben kämpfen zu müssen, sondern Erreichtes zu sichern und auszubauen, was den Leistungsdruck vermindern und Ihnen mehr Gelassenheit erlauben könnte. Außerdem sind Sie jetzt mehr als früher in der glücklichen Lage, etwas weiterzugeben, das zu lernen und erfahren Sie viele Jahre gebraucht haben. Wie bereits in Teil II, Kapitel 10, erläutert, sind es also nicht so sehr die Umstände, die uns unglücklich machen, sondern das, was wir über sie denken und aus ihnen machen.

Kapitel 20
Sind oder waren Sie Opfer körperlicher oder sexueller Gewalt?

Obwohl ich diese Überschrift mit Bedacht formuliert habe, will ich zunächst kurz etwas zum Begriff des sexuellen Mißbrauchs schreiben. Darunter fällt – je nach Definition – so Unterschiedliches wie anzügliche Blicke einerseits und Geschlechtsverkehr unter Gewaltandrohung oder -anwendung durch mehrere Personen andererseits. Je nachdem, ob beispielsweise körperliche Berührung Voraussetzung für die Aufnahme eines Berichts in eine Statistik ist, variieren die Zahlen natürlich erheblich. Einen großen Einfluß hat auch die Art der Erhebung. Ein einfühlsames Interview mit Fragen zum sexuellen Mißbrauch gegen Ende des vertraulichen Gesprächs wird mehr Fälle dokumentieren als die Registrierung angezeigter Straftaten. Wenn man diese aus verschiedenen Ländern oder auch nur Regionen und unterschiedlichen Zeitabschnitten vergleicht, lassen sich daraus nicht ohne weiteres Rückschlüsse auf tatsächliche Unterschiede in der Häufigkeit solcher Vorkommnisse ziehen. Die Bereitschaft, solche Fälle der Polizei zu melden, ist nämlich nicht an allen Orten und zu allen Zeiten gleich. In Deutschland hat sie in den letzten Jahren zugenommen. Deshalb kann man aus den steigenden Zahlen in der Polizeistatistik nicht schließen, daß mehr Frauen als früher sexuell mißbraucht wurden.

Die insgesamt erfreuliche Zunahme der Offenheit für dieses Problem hat aber auch Schattenseiten. In Nordamerika und Großbritannien kommt es anscheinend seit einiger Zeit immer häufiger vor, daß während einer Psychotherapie besonders bei Zuhilfenahme von Hypnose oder sozialem Druck innerhalb einer Gruppe vermeintliche Erinnerungen an sexuellen Mißbrauch auftauchen (recovered memories). Das führt nicht selten zu Gerichtsprozessen, in denen auf hohe Geldsummen und Erstattung der Kosten für eine aufwendige Behandlung geklagt wird, wohl meist bei jenem Therapeuten, der diese – häufig innerfamiliäre – Auseinandersetzung angestoßen hat und der zum speziellen Fall am besten informierte Sachverständige ist.

Angesichts dessen stellt sich natürlich die Frage, ob die Interessenlage des Therapeuten das angebliche Erinnern fördert.

Ähnlich problematisch ist das – vermeintliche? – Aufdecken von sexuellem Mißbrauch von Kindern etwa durch Sozialarbeiter oder Erzieher. Durch ungeschickte Interviewtechnik verhindern sie oft unabsichtlich, daß je die Wahrheit ermittelt werden kann. Nach einer suggestiven Befragung wird man nie mehr wissen, was ein Kind bei dieser Gelegenheit gelernt und was es wirklich erlebt hat. Leider hat das dazu geführt, daß die Aussagen der Opfer wieder angezweifelt sowie die Häufigkeit des Problems und das Ausmaß seiner Folgen heruntergespielt werden.

Es gibt keine psychische Störung, die in typischer Weise nach sexuellem Mißbrauch auftritt, was die Beweislage erschwert. Das Risiko für alle psychiatrischen Erkrankungen ist nach einem solchen Trauma erhöht, d. h. sie kommen bei den Opfern solcher Handlungen häufiger vor als bei Personen, die in anderer Hinsicht (Geschlecht, Alter, Sozialschicht etwa) möglichst ähnlich sind, aber keine sexuellen Mißbrauchserfahrungen gemacht haben. Das bedeutet jedoch nicht, daß nach sexuellem Mißbrauch psychiatrische Krankheiten auftreten müssen. Im englischsprachigen Raum spricht man nicht nur von „victims" (Opfern), sondern gerade die Betroffenen von sich selbst eher als „survivors of sexual abuse", also Überlebenden sexuellen Mißbrauchs. Das klingt weniger passiv und eher schon wie ein kleiner Triumph. Jedenfalls hängt die Bezeichnung mit „leben" zusammen und bezieht sich auf die Zeit nach dem Trauma, wendet sich also der Gegenwart und Zukunft zu, was mir sehr hilfreich erscheint.

Sabine war als 12jährige von ihrem ältesten Bruder mißbraucht worden. Viele Jahre lang hatte sie nicht an dieses Ereignis gedacht. Bei einem Besuch bei ihrer Mutter empfand sie plötzlich einen Widerwillen, in einem bestimmten Bett zu schlafen. Sie spürte diesem Gefühl nach und wurde dann von der Erinnerung überwältigt. Sie war schon seit längerer Zeit depressiv und trank zuviel und entschloß sich schließlich zu einer stationären Psychotherapie. Dabei fühlte sie sich von ihrem Gruppentherapeuten an ihren großen Bruder erinnert. Sie sprach dies offen an und arbeitete es sowohl mit ihm als auch mit ihrer Einzeltherapeutin durch. Danach konnte sie Vergangenes geschehen sein lassen und sich der Gegenwart zuwen-

den, die einen sinnvollen Beruf, für den sie sehr begabt war, eine intensive Beziehung, Reisen und Hobbys bot.

Es wird Ihnen – wie Sabine – leichter fallen, von dem Vorgefallenen inneren Abstand zu gewinnen, wenn Sie Schuld- oder Schamgefühle ausgeräumt haben. Dazu ist es wichtig zu wissen, daß die Verantwortung für das Geschehene eindeutig beim Täter liegt. Es ist nicht Ihre Schuld, wenn Sie als kleines oder junges Mädchen hübsch waren. Niemand – auch nicht Sie selbst – kann Ihnen ernsthaft vorwerfen, daß Sie Zuwendung und Zärtlichkeit gesucht haben, auch beim anderen Geschlecht. Die Sexualisierung der Situation geht nicht von einem Kind aus, das erwachsene Sexualität noch nicht erlebt hat. Längerfristig mißbrauchte Kinder, die häufig vorher bereits vernachlässigt waren, lernen unter Umständen, sich durch sexuell aufreizendes Verhalten Zuneigung oder andere Vorteile zu verschaffen. Dieser Teufelskreis wurde jedoch nicht von ihnen in Gang gesetzt.

Auch die Verantwortung für den Umgang mit der aufkeimenden Sexualität Jugendlicher obliegt dem Erwachsenen. Ebenso gehört es zur Ausbildung, Supervision (in der sich Kollegen – meist unter fachkundiger Anleitung – über Schwierigkeiten im Beruf austauschen) und persönlichen Eignung, daß ein Therapeut die erotischen Übertragungen seiner Patientinnen nicht ausnutzt. Sehr vereinfacht heißt das: Wer die Macht hat (als Vorgesetzter, Ausbilder, Erziehender, an Jahren, Körper- oder Finanzkraft Überlegener) steht in der Pflicht, sie nicht zur sexuellen Ausbeutung einzusetzen. Es ist zwar sicher klug, sich darauf vorzubereiten, daß nicht alle Menschen so moralisch handeln, und sich in Zukunft zu schützen. Aber selbst wenn Ihnen dieser Selbstschutz nicht immer gelungen ist, vielleicht auch Ihres Alters oder der Situation (in der Patientenrolle etwa) wegen, sind nicht Sie die Schuldige. Menschen, die bestohlen oder ausgeraubt wurden, legt man dies ja auch nicht zur Last. So wie Sie sich wahrscheinlich nicht nach Einbruch der Dunkelheit Hausarrest auferlegen wollen, nur um einem Überfall zu entgehen, so mögen Sie sich vielleicht auch nicht zur Vorbeugung gegen eine Vergewaltigung ständig absichtlich unattraktiv machen. Aus Rücksicht auf andere Kulturen ziehen Sie sich in anderen Ländern am besten den dortigen Gepflogenheiten entsprechend an. Insgesamt jedoch scheint es mir äußerst unfair, modische Kleidung als Einladung zu sexuellen Übergriffen auszulegen.

Es geht bei einer Vergewaltigung ohnehin keineswegs in erster Linie um die Befriedigung sexueller Bedürfnisse, sondern oft um die Erniedrigung des Opfers. Traurige Beispiele aus der jüngeren Vergangenheit sind die bosnischen Frauen und sexuelle Mißhandlungen zum Zweck der Folterung. Ebensowenig läßt sich sexueller Kindesmißbrauch mit pseudoliberalen Argumenten für die Pädophilie rechtfertigen. So wie Menschen, die wegen Vergewaltigung verurteilt werden, meist auch andere kriminelle Handlungen begangen haben, wurden sexuell mißbrauchte Kinder im allgemeinen zuvor bereits vernachlässigt und oft auch körperlich mißhandelt.

Aus diesem Grund habe ich körperliche und sexuelle Gewalt in einem Kapitel zusammengefaßt. In beiden Fällen wird die Würde des Menschen angegriffen, was begreiflicherweise Selbstwertprobleme zur Folge haben kann, was wiederum die Entstehung und Aufrechterhaltung von Depressionen begünstigt. Hinzu kommt die Erfahrung, keinerlei Kontrolle über die Situation zu haben und völlig hilflos zu sein. Dabei nicht den Mut zu verlieren und zu resignieren, ist sicher schwierig. Ein Ansatz, mit solchen Traumata umzugehen, ist die Auseinandersetzung mit Angst, Alpträumen, Niedergeschlagenheit und anderes auslösenden Ereignissen unter den Bedingungen der Sicherheit und Geborgenheit. So suchen manche Folteropfer in Begleitung eines Freundes oder Therapeuten den Ort des Grauens tatsächlich oder in Gedanken nochmals auf, um zu erleben, daß ihnen nun niemand mehr etwas anhaben kann und wie ihre innere Aufgewühltheit mit Herzrasen, Übelkeit, Zittern, Schwitzen oder was immer allmählich nachläßt.

Sie können auch dem Menschen, der Sie mißbraucht oder mißhandelt hat, einen wütenden Brief schreiben. Ob Sie sich selbst einen Gefallen tun, wenn sie ihn abschicken, ist sehr die Frage. Aber zu Papier zu bringen, was Sie quält, schafft sehr wahrscheinlich Erleichterung. Vergessen Sie nicht zu erwähnen, was Sie trotz alledem in Ihrem Leben erreicht haben, wer Sie achtet und zu Ihnen steht. Schließen Sie am besten mit einem Ausblick: Sie haben nicht vor, sich länger mit Brüten über die Vergangenheit aufzuhalten. Sie werden dem Täter und der Welt zeigen, daß Sie nicht so leicht unterzukriegen sind, sich nicht seinetwegen dauerhaft mit Alkohol oder anderen Drogen zerstören, sondern nach schweren Zeiten doch Ihre Würde behaupten und eine erfolgreich Überlebende sind.

Eine meiner Patientinnen, die von ihrem Vater nicht nur mißbraucht, sondern auch seinen Trinkgenossen überlassen wurde, schrieb nicht nur einen Brief, den sie sorgfältig aufhob. Sie schlug auch auf ein Kissen ein, weil sie den Tätern gern eine Tracht Prügel verpaßt hätte, jedoch wußte, daß dies weder durchführbar noch hilfreich gewesen wäre.

Es ist jedoch nicht immer sinnvoll, wieder aus dem Vergessen hervorzuzerren, wessen sich ständig bewußt zu sein unerträglich wäre. Bei extremen Grausamkeiten schützt sich die Seele durch Abspaltung. Es scheint dem Betroffenen, als ob ein anderer gequält werde, dessen Leiden vielleicht beobachtet, aber nicht wirklich gespürt wird. Manche Menschen berichten, wie sie, was ihnen selbst passierte, von oben betrachteten, als seien sie aus ihrem Körper ausgestiegen. Solchen Menschen hilft meist eher der bewußte Einsatz ihrer Fähigkeit, sich zu distanzieren, wenn Gefühle in bezug auf Vergangenes oder die aktuelle Situation sie zu überwältigen drohen. Es gelingt ihnen oft, einen inneren „sicheren Ort" aufzusuchen. D. h. sie können sich auf eine beruhigende Erinnerung oder Vorstellung konzentrieren. Das schützt sie selbst und – wenn sie zum Angriff auf andere neigen – diese natürlich auch.

Eines von vielen Problemen mit Gewalterfahrung ist nämlich die Gefahr der Wiederholung, wobei die Überlebenden sowohl Täter als auch erneut Opfer werden können. Gerade Frauen, die sexuell mißhandelt wurden, geraten oft in Beziehungen, in denen sie wieder mißbraucht werden. Das mag mit ihrer beschädigten Selbstachtung zu tun haben. Sie glauben oder verhalten sich zumindest so, als könnten sie eine durch Mißbrauch beschmutzte Person nur noch einem Partner anbieten, der nicht viel besser ist als der Täter. Deshalb ist die klare Zuschreibung der Schuld so wichtig: Dem Täter gebührt es, sich zu schämen, nicht dem Opfer. Leider hat es zumindest in unserer Kultur eine lange Tradition, daß sich die „geschändete" Frau umbringt. Auch in diesem Zusammenhang scheint mir die programmatische Bezeichnung „Überlebende sexuellen Mißbrauchs" ein begrüßenswerter Schritt in die richtige Richtung.

Eine Entwicklung vom Opfer zum Täter ist leider keineswegs selten und nicht immer ohne fremde Unterstützung zu verhindern. Bei allem Verständnis für die Entstehung des Fehlverhaltens ist es in niemandes Interesse, es einfach hinzunehmen. Je früher Hilfe gesucht wird, desto größer sind die Chancen, die Kette der Gewalt zu durchbrechen. Ein derart offener Umgang mit der eigenen Aggression läßt sich aber nur erwarten, wenn (potentiellen) Tätern vorurteilsfrei und rasch Krisenintervention angeboten wird, beispielsweise durch Kinderschutzzentren oder kinderpsychiatrische Einrichtungen.

Hermann und Eva, die beide als Kinder regelmäßig verprügelt worden waren, standen nun kurz davor, sich an ihrem 18 Monate alten Sohn Kai zu vergreifen. Er war mit einer Abwehrschwäche gegen Infektionskrankheiten zur Welt gekommen und immer wieder wegen Lungenentzündungen stationär behandelt worden. Dabei wurde er von zahllosen Säuglingspfleger(inne)n verwöhnt, und zu Hause von seinen Eltern nicht weniger. Sie hatten schließlich jedesmal um sein Leben gebangt, aber wenig Gelegenheit gehabt, mit ihm umgehen zu lernen. Eva hatte ihm zuliebe ihre Stelle als Altenpflegerin aufgegeben und verdiente nun als Tagesmutter etwas Geld. Kai war eifersüchtig auf die anderen Kinder und griff sie tätlich an, versuchte sogar, einen seiner „Rivalen" zu würgen. Hermann bereitete sich neben seiner vollen Berufstätigkeit in Abendkursen auf eine Meisterprüfung vor und war zusätzlich erschöpft durch Kais allmorgendliches Auftauchen am Elternbett, wo er auch am Wochenende früh um sechs gebieterisch Zuwendung verlangte. Hermann und Eva wußten ihrem Sohn keine Grenzen zu setzen. Als Kai die neue und hart ersparte Stereoanlage mit einem Hammer attackieren wollte, drohte sein Vater die Beherrschung zu verlieren. Es gelang ihm aber noch rechtzeitig, kinderpsychiatrische Hilfe zu mobilisieren. Wir nahmen Kai für zwei Monate in unsere Klinik auf, wo Erzieherinnen und Sonderpädagogen auf der Station herausfanden, wie er zu lenken war. Eva kam täglich für zwei Stunden, um mit ihm zu spielen. Dabei konnten wir sie beobachten und anschließend mit ihr besprechen, was sie schon sehr gut gemacht hatte und welche Verbesserungsmöglichkeiten noch bestanden. Nachdem Kai trotz der vielfältigen Ansteckungsmöglichkeiten bei seinen Mitpatienten nur eine antibiotische Behandlung brauchte, aber keine Verlegung auf die Infektionsstation der Kinderklinik, konnten seine Eltern es wagen, ihn in einen Kindergarten zu schicken. Das gab ihm weiterhin die Möglichkeit, den Umgang mit anderen Kindern zu lernen und seiner Mutter die Gelegenheit, an ihren früheren Arbeitsplatz zurückzukehren.

Sie sehen, Vorbeugung gegen Kindesmißhandlung ist möglich. Wenn Sie selbst durch Ihre Depression sehr gereizt sind oder aufgrund eigener Gewalterfahrungen besondere Schwierigkeiten haben, Ihren Kindern ohne körperliche Züchtigung Grenzen zu setzen, brauchen Sie sich deshalb nicht zu schämen. Wenn es Ihnen sogar gelingt, über Ihre Ärztin oder Ihren Arzt für Allgemeinmedizin, Kinderheilkunde, (Kinder- und Jugend-)Psychiatrie oder Nervenheilkunde, den Kindernotdienst, eine Erziehungsberatungsstelle, den Kindergarten, die Schule, Ihre Freunde oder Verwandten Hilfe zu finden, gereicht Ihnen das sogar sehr zur Ehre. Glauben Sie nicht, daß nur Sie am Ende Ihrer Nerven sind und nicht mehr weiter wissen. Viele andere Eltern fühlen sich ebenfalls oft überfordert und hilflos.

Wenn Sie Beratung bei sexueller Gewalt suchen, bietet sich die Frauen-Selbsthilfe Wildwasser e. V. an, über deren Zentrale in Berlin (siehe Anhang) Sie auch die Anschriften von Selbsthilfegruppen in anderen Orten erfahren, wo man Ihnen wiederum wahrscheinlich auch Therapeut(inn)en oder psychosomatische und psychiatrische Kliniken empfehlen kann, die Menschen mit Mißbrauchserfahrungen helfen können.

Teil III
Zwischenbilanz und Ausschau

Kapitel 1
Einschätzung des Behandlungserfolgs

Wenn mindestens vier Wochen seit dem Beginn Ihrer Arbeit mit diesem Buch vergangen sind und Sie noch keinen Fortschritt wahrnehmen, dann ist dieser Eindruck sicher einer Überprüfung wert. Oft merken nämlich Depressive selbst als letzte, daß es ihnen schon besser geht. Überprüfen Sie deshalb die Wirksamkeit der bisherigen Maßnahmen anhand der Noten für Ihre Stimmung in Ihrem Tagebuch. Wenn Sie sich auch Aufzeichnungen über Ihre Aktivitäten gemacht haben, können Sie daran möglicherweise eine Steigerung Ihres Antriebs, Ihrer Entschlußkraft, Konzentration und Ihres Durchhaltevermögens ablesen, eine Wiederbelebung Ihrer Interessen und ein Nachlassen Ihres sozialen Rückzugs. Dies alles kann sich für Sie fast unbemerkt entwickelt haben, weil Ihnen noch die rechte Lebensfreude fehlt und Sie auch noch nicht wieder so sind wie früher, sondern erst auf einem langwierigen und mühsamen Weg dorthin. Aber falls die Richtung stimmt, können Sie stolz auf sich sein und müssen nur noch etwas Geduld aufbringen und weiter an sich arbeiten. Falls Sie doch Zweifel haben, ob Sie mit dem Zwischenergebnis schon zufrieden sein dürfen, überlegen Sie sich oder – noch besser – überprüfen Sie anhand Ihres Tagebuchs, ob es keinerlei Entwicklung gab oder sie Ihnen lediglich nicht ausreichend scheint. Haben Sie zwischendurch einen Aufschwung erlebt, der jedoch bereits wieder abgeflaut ist? Falls Sie sich bisher keine Notizen gemacht haben, können Sie noch heute damit beginnen. Um zusätzlich noch ein verläßlicheres Urteil als Ihr eigenes – möglicherweise depressiv eingetrübtes – zu gewinnen, gibt es vielleicht jemanden, der einschätzen kann und den Sie fragen mögen, ob Ihre Depression schon etwas nachgelassen hat. Füllen Sie außerdem in jedem Fall noch einmal den Depressionsfragebogen von Beck (Teil I, Kapitel 1, S. 21 ff.) aus und vergleichen Sie das Ergebnis mit dem zu Beginn der Selbstbehandlung.

Es ist zwar nicht ausgeschlossen, aber in der Regel nicht zu erwarten, daß eine depressive Erkrankung innerhalb eines Monats geheilt ist. Im allgemeinen dauert es um so länger, je schwerer die Erkrankung ist und je länger sie gedauert hat. Weitere Einflüsse auf den Verlauf ähneln jenen Faktoren, die ihre Entstehung begünstigen. Wenn zu den auslösenden, belastenden Lebensereignissen und -umständen weitere hinzugekommen sind, beeinträchtigt dies natürlich die Aussicht auf eine rasche Besserung. Andererseits kann eine erfreuliche Wendung des Schicksals Erleichterung bringen.

Agnes war durch ihren eigenen Perfektionismus und die Umtriebigkeit ihres Mannes völlig erschöpft und zermürbt durch jahrelangen Streit mit ihm um einen ruhigeren Lebensstil mit mehr Zeit füreinander. Am meisten aber bekümmerte sie das aktuelle Zerwürfnis mit ihrem ältesten Sohn, Hans, der gerade eine Frau geheiratet hatte, gegen die Agnes und ihr Mann große Vorbehalte hatten. Hans kam dann jedoch viel eher als von ihr erhofft zu Besuch und half seinen Eltern in altbewährter Weise. Da sie bereits an ihrer Einstellung zur Schwiegertochter und dem Recht erwachsener Kinder auf ein selbstbestimmtes Leben gearbeitet hatte, konnte sie toleranter mit ihm umgehen, und es kam nicht gleich wieder zum Krach. Deshalb ging es ihr schon gut zwei Wochen nach Beginn der Behandlung deutlich besser, und sie konnte den nächsten Schritt – Veränderungen in ihrer Ehe – aktiv und mit Hoffnung auf Erfolg angehen.

Was ist bei Ihnen im letzten Monat vorgefallen? Hatten Sie Pech, und läßt sich daraus der fehlende oder langsame Fortschritt erklären? Wenn Sie hoffen können, daß sich Ihre Lebensumstände bessern, wird sich das wohl – vielleicht mit einer Verzögerung – auch auf Ihre Depression auswirken. – Hat sich etwas Erfreuliches ereignet? War es nur Glück, oder haben Sie es teilweise sich selbst zu verdanken und tun es nur aus alter Gewohnheit noch nicht? Selbst wenn Sie – wie Agnes – die erfreuliche Veränderung nicht selbst herbeigeführt haben – wußten Sie sie besser zu nutzen, als es Ihnen noch vor vier Wochen gelungen wäre? Auch das könnten Sie als Besserung verbuchen.

Vielleicht bin ich aber selbst zu anspruchsvoll und zu pessimistisch zugleich, wenn ich zunächst nur darüber schreibe, was zu tun ist, wenn der Erfolg Ihrer Arbeit nicht schon nach vier Wochen offensichtlich ist. Möglicherweise sind in einigen Bereichen Veränderungen sehr deutlich, während sich in anderer Hinsicht noch wenig getan hat. Beispielsweise könnten Sie Ihr Trinken entscheidend eingeschränkt haben, mußten aber zunächst vermehrte Schlafstörungen in Kauf nehmen, bevor sich die Erholung von der jahrelangen Vergiftung spürbar auf Leib und Seele auswirkte.

Ähnlich fehlt Ihnen bei einer Umstellung Ihrer Ernährung anfangs vielleicht hauptsächlich die Schokolade, mit der Sie sich bei Einsamkeit und Langeweile getröstet haben oder die Sie in Ihrer ständigen Müdigkeit wenigstens kurzfristig etwas aufmunterte. Bis sich deutliches Wohlbefinden einstellt, kann es noch etwas dauern. Bis dahin wird Ihnen der Unterschied vielleicht am deutlichsten, wenn Sie nach einer längeren Zeit gesunder Ernährung noch einmal auf alte Gewohnheiten zurückgreifen, sich schlechter fühlen und wundern, wie Ihnen das so lange gefallen konnte.

Auch vermehrte körperliche Bewegung führt zunächst vielleicht hauptsächlich zu Muskelkater und Erschöpfung, besonders wenn Sie es nicht langsam angehen lassen, sondern sich auch in dieser Hinsicht überfordern. Wenn Sie sich jedoch körperliche Müdigkeit zugestehen und sie wegen der Aussicht auf besseren Schlaf sogar zu schätzen wissen, werden Sie bald auf dieses Vergnügen nur noch ungern verzichten.

Können Sie sich inzwischen besser entspannen? Selbst wenn Ihre Niedergeschlagenheit noch nicht gewichen ist, steht Ihnen zumindest ein Mittel gegen Angst und innere Unruhe zur Verfügung. Außerdem verbrauchen Sie auf diese Weise weniger Energie für Aufregung und schlafen vermutlich besser ein. Dann läßt wahrscheinlich auch die Erschöpfung bald nach, wenn dies nicht ohnehin schon der Fall ist.

Gerade wenn Sie all die hier gepriesenen Vorzüge eines veränderten Lebensstils noch nicht deutlich spüren, können Sie um so zufriedener mit sich sein, dennoch durchgehalten zu haben und wirklich etwas für sich zu tun.

Wie steht es mit dem Gleichgewicht zwischen Sollen und Wollen? Haben Sie schon etwas mehr Ausgewogenheit erreicht, und wie hat sich das ausgewirkt? Scheint es Ihnen eine erfolgversprechende Maßnahme zu sein, sich mehr Zeit für Dinge zu nehmen, die Sie gern tun, und möchten Sie diese Strategie in Zukunft beibehalten und vielleicht sogar ausweiten?

Ist es Ihnen gelungen, Ihre depressionsfördernden automatischen Gedanken zu registrieren? Haben Sie sie entkräften können? War dies von einer gewissen Erleichterung gefolgt? Können Sie sich gegen unangenehme Erinnerungen zur Wehr setzen, und haben Sie wieder Zugang zu erfreulichen Gedächtnisinhalten gefunden?

Sind Sie selbstsicherer geworden? Wie oft haben Sie erfolgreich „Nein" gesagt, wie viele Male freundlich, aber bestimmt Ihren Willen durchgesetzt oder einen Kompromiß erzielt, mit dem Sie zufrieden waren?

Haben Sie Ihren Bekanntenkreis erweitert oder Vorbereitungen dazu getroffen? Gibt es im Programm der nächstgelegenen Volkshochschule für das kommende Semester ein oder zwei Kurse, die Sie interessieren? Sind Sie sogar schon beim Volleyball gewesen? – Sie haben aber noch niemanden anzusprechen gewagt und sind auch noch nicht gefragt worden, ob Sie anschließend mitkommen, um etwas zu trinken? – Oder Sie haben sich sogar mit einer Frau aus dem Computerseminar getroffen und sie dann doch nicht so sympathisch gefunden? – Immerhin haben Sie einen Anfang gemacht und einige Stunden weniger alleine verbracht. Freunde fürs Leben, Märchenprinzen und Traumfrauen finden sich eben selten in einem Monat.

Hat sich die Wahl Ihres Helfers bewährt, oder haben Sie vorsichtshalber auf Unterstützung verzichtet? Falls sich die eine oder andere Entscheidung nicht als optimal erwiesen hat, ist jetzt vielleicht der geeignete Zeitpunkt, um eine Korrektur zu erwägen. Sie können sich bei Ihrer Vertrauensperson für ihre Hilfsbereitschaft und aufgewendete Zeit bedanken und sagen, daß Sie sie nicht weiter beanspruchen und das (früher) gute Verhältnis nicht belasten mögen. Es besteht aber ebenso die Möglichkeit, sich jetzt einem Freund anzuvertrauen, wenn Sie nach dem anfänglichen Versuch, sich ganz allein aus dem Sumpf zu ziehen, doch gern etwas Zuspruch hätten.

Wie steht es mit Ihren persönlichen Zielen, die Sie zu Beginn Ihrer Selbstbehandlung definiert haben? Sind Sie ihnen ein kleines Stück näher gekommen? Haben Sie zumindest schon etwas unternommen, um sie zu erreichen? Wenn Sie früher an Ihrem derzeitigen Arbeitsplatz nur unglücklich waren und inzwischen zumindest begonnen haben, Stellenanzeigen zu lesen, ist dies ein sinnvoller erster Schritt. Wenn Sie sogar schon eine Bewerbung geschrieben oder sich beim Arbeitsamt nach einer Umschulung erkundigt haben – um so besser. Auch in dieser Beziehung wird der Lohn für Ihre Bemühungen noch auf sich warten lassen. Aber Sie haben wenigstens die Voraussetzung für eine Verbesserung geschaffen und müssen sich selbst keine Vorwürfe mehr machen oder von anderen vorwerfen lassen, nur zu jammern und nichts zu tun.

Es könnte aber auch sein, daß Sie inzwischen Zweifel an einem Ihrer Ziele haben, weil sich bei genauerer Überlegung und Erkundigungen Ihr Traum als Alptraum entpuppt hat. Wahrscheinlich dauert solch ein Prozeß länger als vier Wochen. Aber wenn Sie zumindest nicht mehr darauf bestehen, nur unter einer bestimmten Bedingung glücklich werden zu können, eröffnen sich Ihnen viele neue Wege.

Anna war fest überzeugt, daß ihre Depression vor allem durch die Enttäuschung über ihre Ehe verursacht sei und sich deshalb nur bessern könne, wenn ihr Mann sich ändere. Er kam fast immer so spät aus dem Büro, daß die Kinder schon im Bett lagen und Anna auch nicht mehr lange aufblieb. Morgens stand er erst auf, wenn sie und die Kinder schon aus dem Haus waren. Auch am Wochenende schlief er lang und widmete sich zeitweise seinen Akten. Auch Anna hatte einen Beruf, den sie liebte und ernst nahm. Es kränkte sie, daß er wenig Zeit für sie hatte und ihr den größten Teil der Sorge um die drei Kinder, das große Haus und den weitläufigen Garten überließ. Paartherapie änderte auf Dauer nichts an der schlechten Zeiteinteilung ihres Mannes und seiner Art, sich mehr zuzumuten, als er gut bewältigen konnte. Erst als Anna aufgegeben hatte, ihre Stimmung von seinem Verhalten abhängig zu machen, begann sie sich zu erholen. Anstatt sich über seinen Ehrgeiz aufzuregen, reduzierte sie ihre Ansprüche an sich selbst. Sie mußte sich nicht mehr über ihre Karriere definieren, sondern ließ sich Zeit für neue Entdeckungen außerhalb ihres ursprünglich geplanten Lebenswegs. Sie genoß das Zusammensein mit anderen Menschen, auch wenn ihr Mann nicht dabei war, und war froh, wenn sie Zeit für sich selbst hatte. Es gab auch schöne Ferien und andere Unternehmungen mit ihm, der sich durchaus um sie bemühte, nur nicht so, wie sie sich das ursprünglich vorgestellt hatte. Vor allem blieb er natürlich im wesentlichen der, der er schon immer war. Aber das Ziel, ihn zu ändern, hatte sie ja zum Glück aufgegeben.

Die geschilderte Entwicklung hat natürlich viel Zeit in Anspruch genommen. Da im ersten Monat Ihrer Selbstbehandlung im allgemeinen keine dramatischen Entwicklungen zu erwarten sind, wiederholen Sie die hier beschriebene Zwischenbilanz zunächst jeweils nach weiteren vier Wochen. Wenn sich Ihr Zustand stabilisiert hat, ist es sinnvoll, alle drei bis sechs Monate zu überprüfen, ob die erzielte Besserung weiterhin vorhält oder sogar noch zugenommen hat.

Kapitel 2
Wann ist professionelle Hilfe erforderlich und der Einsatz von Medikamenten sinnvoll?

Haben Sie bei einer Zwischenbilanz keine Veränderung an sich selbst feststellen können, und ist auch anderen keine Besserung aufgefallen? Haben Sie tatsächlich aktiv etwas gegen Ihre Depression unternommen?

Vielleicht ist Ihre Depression aber auch so schwer, daß Sie durch eine Selbstbehandlung überfordert oder nicht ausreichend versorgt sind. Das heißt noch lange nicht, daß Ihnen nicht anderweitig zu helfen wäre. Lassen Sie sich zu einer Ärztin oder einem Arzt für Psychiatrie oder Nervenheilkunde überweisen. Vielleicht ist es sinnvoll, den Heilungsprozeß durch spezielle Medikamente gegen Depressionen, sogenannte Antidepressiva, zu beschleunigen. Diese müssen einschleichend, d. h. zunächst gering und dann höher dosiert werden. Nehmen Sie das Mittel regelmäßig ein und nicht nur an besonders schlechten Tagen. Versuchen Sie nicht – etwa aus grundsätzlichen Vorbehalten gegen Psychopharmaka –, mit weniger als der wirksamen Dosis auszukommen. Dadurch riskieren Sie lediglich unerwünschte Nebenwirkungen – wie beispielsweise einen trockenen Mund –, ohne von der angestrebten, aber von einer bestimmten Mindestdosis abhängigen Stimmungsaufhellung zu profitieren. Diese tritt allerdings nicht sofort und meist erst einige Tage nach den Nebenwirkungen ein. Das bedeutet natürlich eine gewisse Durststrecke. Allerdings spüren die meisten Menschen Entspannung oder Beruhigung sowie die den Schlaf anstoßende Wirkung der Mittel deutlich früher.

Kurz einige Anmerkungen zu gängigen Vorurteilen gegen „Chemie“: Alle Materie, ob natürlichen Ursprungs oder vom Menschen hergestellt, hat eine chemische Zusammensetzung, d. h. ihr Aufbau kann mit Hilfe chemischer Formeln, also einer Art knapper und präziser internationaler Spezialsprache, beschrieben werden. Viele z. B. pflanzliche Heilmittel können auch im Labor hergestellt werden. Das ist zwar künstlich, hat aber den Vorteil, daß man genauer dosieren kann. Nehmen wir das Herzmedikament Digitalis. Es läßt sich aus Fingerhut herstellen. Aber je nach der Witterung, Bodenbeschaffenheit oder der Wirkung anderer schwer abzuschätzender Einflüsse wirkt die so gewonnene Substanz mehr oder weniger stark. Wird dieselbe Substanz von der pharmazeutischen Industrie hergestellt, wissen Sie genau, was Sie einnehmen.

Trinken Sie Kaffee, schwarzen oder grünen Tee, Alkohol, rauchen Sie? Wenn Sie nicht auf all diese „Genußgifte" und so manchen Kräutertee, Baldrian und Kakao verzichten, leben Sie ohnehin mit psychotropen, also auf Ihre Psyche wirkenden Substanzen. Ich bin durchaus der Meinung, daß im allgemeinen andere Formen der Selbstbeeinflussung zu bevorzugen sind. Beispielsweise führen ausreichender Schlaf und Bewegung sicher zu mehr Wohlbefinden, als wenn wir beides durch große Mengen starken Kaffees zu ersetzen versuchen, um wach zu werden und zu bleiben und unseren Kreislauf in Schwung zu bringen und zu halten. Bei einer Erkältung verzichte ich auf Medikamente. Gegen eine Lungenentzündung halte ich Antibiotika für angezeigt. Dementsprechend versuche ich, meinen Patienten – wenn möglich – ohne Psychopharmaka zu helfen, halte es aber für unverantwortlich, sie länger als nötig an einer Depression leiden zu lassen, obwohl es wirksame Medikamente gibt, die den Heilungsprozeß deutlich beschleunigen können. Dann plädiere ich aber für erwiesenermaßen wirksame Substanzen und verlasse mich nicht auf Baldrian, der nur beruhigt, aber die Depression nicht vertreibt. Und ich halte es für unlogisch, Antidepressiva abzulehnen, aber Baldrian einzunehmen, zur Entspannung oder Konzentrationssteigerung zu rauchen, gegen die Erschöpfung den Kaffeekonsum zu steigern und gegen Angst, Schlafstörungen und zum Vergessen der Sorgen Alkohol zu trinken. Im Zweifelsfall leben Sie gesünder ohne Nikotin und mit weniger stimulierenden und dämpfenden Getränken, aber statt dessen einem Antidepressivum als einzigem Medikament gegen Ihre Depression.

Ein anderer, häufig geäußerter Einwand gegen Psychopharmaka ist die Furcht vor der Abhängigkeit. Sie ist bei Schlaf- und Beruhigungsmitteln durchaus berechtigt, bei Antidepressiva hingegen kaum. Generell sind Mittel gefährlich, die – zumindest kurzfristig – nur angenehm sind, z. B. schmerzlindernd, entspannend, schlafanstoßend, euphorisierend (in Glücksstimmung versetzend), den Appetit zügelnd, Energie mobilisierend oder die Konzentration fördernd. Immer wieder kommen neue Substanzen auf den Markt, die einige dieser Eigenschaften besitzen. Wenn sie nicht außerdem akute unerwünschte Wirkungen haben, ist die Versuchung, sie einzunehmen, sehr groß. Vorsicht ist auch dann geboten, wenn noch keine Fälle von Abhängigkeit beobachtet wurden. Wahrscheinlich liegt das nämlich nur daran, daß die Substanz noch nicht lange für viele Menschen verfügbar ist. So wurde ein Opiat als sehr wirkungsvolles, sicheres, nicht suchterzeugendes Mittel gegen Schmerzen und Durchfall eingeführt. Ähnlich verlief die Geschichte der Benzodiazepine, jener modernen Beruhigungs- und Schlafmittel, dessen bekanntester Vertreter Ihnen wahrscheinlich unter dem Handelsnamen Valium® ein Begriff ist. Sie sind sehr viel ungefährlicher als ihre brom- oder barbitursäurehaltigen Vorgänger, besonders in höherer Dosierung, z. B. auch bei Selbsttötungsversuchen. Die angstlösende und schlaffördernde Wirkung der Benzodiazepine ließ viele zunächst glauben, nun sei ein Wundermittel gegen etliche psychiatrische Störungen gefunden. Die spätere Entwicklung kürzer wirksamer Präparate ermöglichte sogar Frische am Morgen nach der Einnahme am Vorabend, was Schlafen ohne Reue garantieren sollte. Es dauerte viele Jahre, bis Gewöhnung und Abhängigkeit schon nach kurzer Einnahmedauer eindeutig belegt waren. Mißtrauen Sie also der Behauptung, neue Medikamente, die ohne akute Nebenwirkungen für Wohlbefinden sorgen, seien ohne Suchtgefahr.

Die seit mehr als zwei Jahrzehnten bewährten Trizyklika (Teil II, Kapitel 15) und auch die neueren Antidepressiva, die speziell die Wiederaufnahme des Botenstoffs Serotonin in die Zelle an den Verbindungsstellen zwischen Nerven im Gehirn hemmen (Selective Serotonin Re-uptake Inhibitors, SSRI's) haben dagegen sehr wohl akute unerwünschte Arzneimittelwirkungen. Mundtrockenheit kommt bei Trizyklika am häufigsten vor. Ebenfalls unangenehm, aber völlig ungefährlich ist eine Störung der Naheinstellung der Augen, was beim Lesen hinderlich ist, aber spätestens beim Absetzen dieser Medikamente verschwindet. Beim Aufstehen aus dem Liegen empfiehlt es sich besonders zu Beginn der Behandlung mit Trizyklika, erst einen Augenblick auf dem Bettrand zu sitzen, da die Anpassung des Blutdrucks an die veränderte Körperlage verlangsamt sein kann. Die bei Depressionen ohnehin oft auftretende Verstopfung wird von diesen Medikamenten gelegentlich verstärkt und Harnverhaltung hervorgerufen. Es ist wichtig, daß insbesondere professionelle Helfer alter Menschen daran denken.

Gustav war ein alter Herr, sein Leben lang äußerst friedliebend und harmoniebedürftig. Nach einem Schlaganfall mit rechtsseitiger Lähmung und Unfähigkeit zu sprechen wurde er in einem Pflegeheim betreut. Wegen seiner Depression behandelte man ihn mit einem Trizyklikum. Er wurde daraufhin zunehmend unruhig, schrie und schlug schließlich um sich. Erst nach geraumer Zeit fiel dem Pflegepersonal auf, daß er lange kein Wasser gelassen hatte, und man punktierte seine übervolle Blase, die ihm offensichtlich große Schmerzen bereitet hatte.

Wenn Sie Ihre Beschwerden mitteilen können, brauchen Sie derartige Komplikationen nicht zu fürchten. Aber auch leichtere Nebenwirkungen machen solche Medikamente für nicht wirklich Depressive eher unattraktiv. Denn sie sind keine Glückspillen, die normal gestimmte Menschen euphorisch werden lassen, sondern heben lediglich eine krankhaft gedrückte Stimmung. Es sind zwar Fälle beobachtet worden, in denen es Patienten schwerfiel, ohne das seit langer Zeit eingenommene Antidepressivum auszukommen. Dabei ist schwer zu entscheiden, ob es sich doch um eine Gewöhnung handelt oder um den Rückfall einer Krankheit, die vorher erfolgreich behandelt wurde. Auch Menschen mit hohem Blutdruck oder Zuckerkrankheit müssen oft über viele Jahre, wenn nicht für den Rest ihres Lebens, Medikamente einnehmen, ohne daß von Abhängigkeit gesprochen wird. Darüber hinaus ist bei Trizyklika und SSRI's keine Steigerung der Dosis erforderlich, um dieselbe antidepressive Wirkung zu erzielen. Der Körper gewöhnt sich geringfügig an diese Mittel, was zu Beginn der Behandlung den Vorteil hat, daß die Nebenwirkungen meist nach kurzer Zeit nachlassen. Allerdings empfiehlt es sich auch nicht, diese Medikamente plötzlich abzusetzen, sondern sie werden besser ausgeschlichen, d. h. langsam immer schwächer dosiert.

Falls Sie keine Medikamente benötigen oder vertragen oder es zunächst einmal ohne probieren wollen, wenn außerdem körperliche Ursachen Ihrer Depression sorgfältig ausgeschlossen wurden, ist eine ärztliche Ausbildung keine Voraussetzung dafür, Ihnen helfen zu können. Diplom-Psycholog(inn)en würde ich besonders dann empfehlen, wenn sie in (kognitiver) Verhaltenstherapie ausgebildet sind. Eine psychoanalytische oder tiefenpsychologische Behandlung ist im allgemeinen eher aufwendiger und langwieriger. Rasche und anhaltende Erfolge bei Depressionen sind für die kognitive Verhaltenstherapie besonders gut belegt. Auch „interpersonal psychotherapy" (zwischenmenschliche Psychotherapie) hat sich als gegen Depressionen wirksam erwiesen und ist wesentlich weniger zeitraubend als herkömmliche Verfahren psychodynamischer Ausrichtung. Vorsicht ist bei selbsternannten Psychotherapeut(inn)en geboten, die sich nicht durch ein Diplom oder eine Dissertation (Doktorarbeit) in einer einschlägigen Disziplin wie Psychologie oder Medizin ausweisen können und auch von keiner Krankenkasse anerkannt sind. Es dauert zwar immer etliche Jahre, bis wirksame Behandlungen von unserem Gesundheitswesen finanziert werden. Außerdem gibt es natürlich inkompetente und menschlich fragwürdige Vertreter des etablierten Systems, selbst als Lehranalytiker oder andere Ausbilder. Dennoch scheint es mir noch riskanter, sich einem Menschen anzuvertrauen, der lediglich durch den Besuch des einen oder anderen kostspieligen Wochenendseminars in einer neuen und wenig erprobten Therapierichtung ein Zertifikat erworben hat.

Am günstigsten ist natürlich, wenn Sie jemanden aufsuchen, der einer Ihnen bekannten Person bereits geholfen hat. Scheuen sie sich nicht, Fragen zur Ausbildung und Vorgehensweise eines Therapeuten zu stellen. Wer weiß, was er tut und nichts zu verbergen hat, kann solche Fragen beantworten. Lassen Sie sich nicht kurz abfertigen oder bevormunden. Auch wenn Sie sich wegen Ihrer Depression als in einer schwachen Position erleben, hat niemand das Recht, dies auszunutzen. Sie sind ein ernstzunehmender Partner im Heilungsprozeß. Außerdem zahlen Sie direkt oder durch Ihre Kassenbeiträge und haben ein Anrecht auf eine angemessene Gegenleistung. Dazu gehört auch, daß Ihr Therapeut oder Ihre Therapeutin Ihr Vertrauen gewinnt. Wenn Sie ein ungutes Gefühl haben, sprechen Sie es an und/oder wechseln Sie zu einer anderen Psychologin oder einem anderen Psychologen bzw. Arzt oder Ärztin. Das gilt auch, wenn Sie derzeit bei jemandem in Behandlung sind, zu dem Sie überwiesen wurden. Sie haben freie Arztwahl, können selbst in den Gelben Seiten nachschauen oder sich bei Selbsthilfegruppen nach Adressen erkundigen. Der Ratgeber von Aronson (siehe Anhang) gibt weitere Auskunft zu diesem Thema.

Für akute Krisensituationen wie beispielsweise wenn Sie daran denken, sich das Leben zu nehmen, gibt es in vielen Gemeinden einen sozialpsychiatrischen Dienst. Auch die notärztliche Versorgung erschließt Ihnen in vielen Orten den Zugang zu psychiatrischer Erster Hilfe. Möglicherweise wird Ihnen in diesem Zusammenhang oder im Rahmen einer ambulanten Behandlung zu einer stationären Betreuung geraten. Denken Sie nicht: „Lieber bringe ich mich um, als daß ich in die Klapsmühle gehe." Sich umbringen können Sie auch später noch. Aber die Selbsttötung nimmt Ihnen alle anderen Optionen. Geben Sie sich und Ihren professionellen Helfern Zeit zu zeigen, daß noch lange nicht alle Möglichkeiten, Ihr Leben auch in Ihren Augen wieder lebenswert zu machen, ausgereizt sind. Wenn Sie Ihrer suizidalen Impulse wegen nicht vor sich selbst sicher sind, nehmen Sie den Schutz eines Krankenhauses an, auch um Ihre Verwandten und Freunde von einer schweren Verantwortung zu entlasten. Stimmen Sie der Aufnahme lieber freiwillig zu, und vermeiden sie eine Zwangseinweisung. Sie wollen sich doch als Patient und nicht als Gefangener fühlen. Die Entlastung von alltäglichen Pflichten, die Entfernung aus dem häuslichen Milieu, die ganztägige Betreuung durch verschiedene Berufsgruppen, eine vorgegebene Tagesstruktur, kreative Therapien, Beratung in beruflichen und finanziellen Angelegenheiten durch eine Sozialarbeiterin und der Austausch mit anderen Patienten werden Ihnen im allgemeinen nur in Tageskliniken oder vollstationären Einrichtungen geboten. Wenn ambulante Behandlungsversuche versagt haben, bei besonders schweren Depressionen wenig aussichtsreich oder wegen akuter Suizidalität zu riskant sind, empfiehlt sich eine umfassendere Maßnahme. Wenn Sie sich wieder wirklich wohl fühlen, werden Sie sicher den Aufwand für sinnvoll halten und froh sein, Ihre Vorurteile überwunden zu haben. Bei einem Beinbruch oder einer akuten Blinddarmentzündung zögern Sie ja auch nicht, ins Krankenhaus zu gehen. Die Heilungschancen von Depressionen liegen deutlich höher als die vieler anderer Krankheiten, unter deren Einfluß die wenigsten Menschen an Selbsttötung denken. Hoffnungslosigkeit bei Depressionen ist ein Symptom und besagt nichts über Ihre in Wirklichkeit sehr guten Chancen zu genesen.

Kapitel 3
Wie beuge ich einem Rückfall vor?

Zunächst einmal möchte ich Sie beglückwünschen, wenn Sie so weit gekommen sind, dieses Kapitel auf sich selbst anzuwenden, d. h. wenn die (Selbst-)Behandlung so erfolgreich war, daß Sie nicht mehr depressiv sind und es jetzt darum geht, einem eventuellen Rückfall vorzubeugen. Außerdem können Sie stolz darauf sein, sich nicht auf den Lorbeeren Ihrer Besserung auszuruhen, sondern schon einen Schritt weiter zu denken. Es zeugt von einer realistischen Einstellung, wenn Sie sich nicht dem Wunschdenken überlassen, daß Sie nach dem Überwinden Ihrer Depression sicher nie wieder eine solche Krankheit entwickeln werden. Leider ist das Gegenteil wahrscheinlich. Die Tatsache, daß Sie schon einmal depressiv waren, zeigt Ihre Anfälligkeit für eine derartige Störung. Sie tun also gut daran, sich gegen eine erneute Episode zu wappnen. So wie andere bei Belastungen mit Kopf- oder Rückenschmerzen reagieren, zu viel essen, vermehrt Alkohol trinken oder was auch immer, werden Sie vermutlich am ehesten depressiv.

Wichtig ist vor allem, daß Sie einen Rückfall nicht als Beweis dafür ansehen, daß Sie nie gesund werden und die Behandlung keinen Sinn hatte. Das wäre typisches Alles-oder-Nichts-Denken, Übertreibung und eine voreilige Schlußfolgerung auf ungenügender Grundlage. Jede Stunde, die Sie weniger depressiv waren als zu Beginn Ihrer (Selbst-)Behandlung, war der Mühe wert und ist ein Hinweis darauf, daß Sie nicht dazu verdammt sind, immerzu schwermütig zu sein. Je mehr Zusammenhänge Sie zwischen Ihrem eigenen Denken und Verhalten einerseits und Ihrer Stimmung andererseits entdecken konnten, desto sicherer können Sie sein, daß Sie prinzipiell Einfluß auf Ihre seelische Verfassung nehmen können und erneuter Niedergeschlagenheit nicht hilflos ausgeliefert sind.

Es geht also im wesentlichen darum, das Erlernte weiterhin zu praktizieren und nicht zuzulassen, daß alte Gewohnheiten wieder überhand nehmen. Sie können also jederzeit auf jene Kapitel und

Übungen zurückgreifen, die Ihnen bereits geholfen haben. Sagen sie nicht: „Das kenne ich doch schon. Das habe ich bereits gemacht." Wenn Ihnen etwas geschmeckt hat und gut bekommen ist, lehnen Sie beim nächsten Hunger auch nicht ab, diese Speise noch einmal zu verzehren. Fremdsprachenkenntnisse oder eine Fertigkeit wie Klavier- oder Tennisspielen müssen Sie ebenfalls pflegen, wenn Sie sie erhalten wollen.

Jetzt, da es Ihnen gut geht, können Sie es aber auch wagen, noch etwas mehr in die Tiefe zu gehen als zu Beginn der Behandlung. Zunächst ging es darum, so schnell wie möglich quälende Symptome zu überwinden. In Ihrem nun gefestigten Zustand sind Sie vielleicht darüber hinaus daran interessiert, die Herkunft Ihrer Qualen zu ergründen und dem Übel an die Wurzel zu gehen. Bisher haben Sie Ihre automatischen Gedanken zu registrieren und sofort dagegen zu argumentieren versucht. Jetzt möchten Sie vielleicht einzelne automatische Gedanken bis auf die ihnen zugrundeliegenden Einstellungen weiterverfolgen, um auch diese in Frage zu stellen.

Nehmen wir noch einmal die junge Frau, die erst am Samstag beginnt, Pläne für das Wochenende zu schmieden und dann von jetzt auf gleich und ohne viel Ausdauer niemanden findet, der Zeit und Lust hat, kurzfristig etwas mit ihr zu unternehmen. Daraufhin dachte sie: „Keiner mag mich." Diese Vermutung hatten wir bereits in Frage gestellt. Wenn Sie bei sich ähnliche automatische Gedanken identifiziert haben, können Sie weiter bohren: „Wenn das wirklich stimmte, was bedeutete das für mich?" – „Dann müßte ich den Rest meines Lebens allein verbringen." – „Gesetzt den Fall, das wäre so, welche Konsequenz hätte das?" – „Ich wäre einsam und unglücklich." Wenn wir diese Gedankenkette verfolgen, wird verständlich, warum die kleine Panne bei der Freizeitgestaltung eine solche Bedrohung darstellt. Die Möglichkeit, auch einmal etwas allein zu genießen, wird gar nicht erwogen. Alleinsein und Einsamkeit werden kurzerhand gleichgesetzt. Fragen wir nach dem Grund, kommt vielleicht die wenig hilfreiche Grundannahme zum Vorschein, daß Alleinsein Wertlosigkeit bedeute. Möglicherweise sind Sie mit der Vorstellung aufgewachsen, daß wertvolle Menschen pausenlos Gesellschaft haben und von den sie Liebenden umringt sind. Glauben Sie das wirklich? Wünschen Sie sich wirklich ein Leben ohne Freiräume und Möglichkeit zum Rückzug? Der österreichische Schriftsteller Heimito von Doderer wußte sehr wohl, warum er zwischen dem Glück, allein sein zu dürfen und der Qual, einsam sein zu müssen, sorgfältig unterschied. Jedenfalls macht Sie die Einstellung, Alleinsein entwerte Sie, abhängig von – auch zufälligen – Umständen und natürlich von anderen, denen Sie es recht zu machen versuchen, nur um mit ihnen zusammen zu sein.

Wollen Sie an gemeinsamen Aktivitäten teilnehmen, an denen Ihnen eigentlich nichts liegt, nur um Ihren wirklichen Interessen nicht allein nachgehen zu müssen – bis Sie dabei jemanden kennengelernt haben, der zumindest in dieser Hinsicht zu Ihnen paßt? Geht es Ihnen um wirkliche Gemeinsamkeit oder mehr darum, vor sich und anderen nicht allein dazustehen? Schauen Sie auf jemanden herab, der allein in einem Restaurant ißt, zu einer Einladung erscheint, eine Ausstellung besucht, einen Schaufensterbummel unternimmt? Warum sollten andere Sie schief ansehen, wenn Sie dies tun? Außerdem, was gehen Sie die Gedanken anderer an? Da Sie sie ohnehin nicht kennen, können sie Ihre Stimmung nicht beeinflussen. Was Sie bedrückt, sind Ihre Vermutungen darüber, was in den Köpfen anderer vorgeht. Selbst wenn andere Menschen etwas wenig Schmeichelhaftes über Sie sagen würden, stünde es Ihnen frei, sich dieser Meinung nicht anzuschließen. Letztlich kommt es darauf an, daß Sie sich so annehmen können, wie Sie sind, mit allen Unzulänglichkeiten und Vorzügen. Wenn Ihnen dies gelingt, brauchen Sie nicht mehr um den Beifall anderer zu buhlen, der ohnehin nie von allen Seiten kommt. Sie können dann in Ruhe nach der Nische suchen, in der Ihre besonderen Eigenschaften von Vorteil sind, wo Sie gebraucht, gemocht und geachtet werden. Das muß weder in einer traditionellen Familie noch in einem besonders angesehenen Beruf sein. Räumliche Nähe und selbst ein Trauschein erhöhen weder Ihren Wert als Person noch bieten sie eine Garantie, sich nicht einsam zu fühlen. Eine noch so glänzende Karriere schützt Sie nicht vor Selbstzweifeln und Depressionen, wohl aber Selbstachtung und realistische Erwartungen an sich selbst, andere und das Leben im allgemeinen.

Das heißt in Zeiten hoher Arbeitslosigkeit auch, daß Sie Ihre Selbsteinschätzung besser nicht davon abhängig machen, ob und in welchem Umfang Sie erwerbstätig sind. Wenn Stellen knapp sind, genießen leider nicht alle Menschen das Privileg eines (festen) Arbeitsplatzes. Aber auch ohne einen solchen können Sie Sinnvolles tun und – wenn schon nicht Geld verdienen – so doch etliches sparen durch Eigenleistung statt Inanspruchnahme der Dienste anderer. Sie müssen auch nicht nach einem langen Tag im Büro erschöpft zu überhöhten Preisen einkaufen, wo es besonders zeitsparend ist, und auch nicht von auf Dauer wenig schmackhaften und umweltschädlichen Fertiggerichten leben, weil Ihnen die Muße zum Kochen mit frischen Zutaten fehlt. Sie brauchen auch nicht die Fremdbestimmtheit des Berufslebens durch die Scheinfreiheit teurer Freizeitaktivitäten kompensieren und können durch antizyklisches Leben die Menschenmassen in Ausstellungen, Freibädern, Parks und schöner Landschaft meiden. Sie dürfen Ihren Tagesablauf weitgehend Ihrem eigenen inneren Rhythmus anpassen, schönes Wetter nutzen und bei Regen nacharbeiten.

Das klingt jetzt vielleicht fast so, als schiene mir Arbeitslosigkeit erstrebenswert. Sicher nicht! Mir ist sehr wohl bewußt, daß eine Berufstätigkeit nicht nur finanzielle Vorteile bietet, sondern auch wichtige Kontakte zu anderen Menschen, Anerkennung, Anregungen und Herausforderungen sowie einen strukturierten Tagesablauf. Deshalb ist es hilfreich, durch ehrenamtliche Engagements etwa bei wohltätigen oder politischen Organisationen, in Bürgerinitiativen oder Vereinen sowie im Rahmen von Nachbarschaftshilfe oder im weiteren Familienkreis zumindest teilweise zu ersetzen, was Ihnen durch Arbeitslosigkeit entgeht. Auch Weiterbildung, die zusätzlich Ihre Chancen für eine Erwerbstätigkeit erhöht, kann diesen Zielen dienen, ähnlich wie ein sehr intensives Hobby, z. B. das Erlernen eines Instruments oder die Übernahme einer tragenden Rolle in einem Laientheaterspiel.

Wenn Sie jetzt nicht mehr depressiv sind, ist es eine günstige Zeit, um Veränderungen in Ihrem Leben vorzunehmen, die Entschlußkraft, Aktivität, Optimismus und die Fähigkeit, auf andere zuzugehen erfordern. Nutzen Sie Ihre gute Verfassung, um Freundschaften, familiäre Bande und andere Beziehungen zu pflegen. Regen Sie gemeinsame Unternehmungen an, die allen Freude machen. Vereinbaren Sie das eine oder andere schon auf längere Sicht, damit Sie nicht wieder auf Arbeit und Schlafen reduziert sind, sobald Ihre Energie etwas nachläßt. Bauen Sie zermürbender Einseitigkeit Ihres Alltags durch die Verpflichtung zu einer regelmäßigen Ausgleichsaktivität vor. Treten Sie einem Chor bei, beginnen Sie einen Mannschaftssport, bei dem sie nicht fehlen dürfen oder was auch immer.

Das gilt natürlich nicht für die, deren Problem es ist, sich ständig zuviel vorzunehmen und die dann vor Erschöpfung und in der verspäteten Erkenntnis, daß sie unmöglich alles schaffen können, depressiv werden. Für alle, die sich mehr aufbürden (lassen), als ihnen gut tut, steht jetzt an, Aufgaben, denen sie während ihrer Depression nicht gerecht werden konnten, endgültig abzugeben, wenn sie langfristig eine Überforderung darstellen. „Nein" zu sagen ist nicht nur wichtig, um wieder zu Kräften zu kommen, sondern bleibt notwendig, um sie zu erhalten.

Zum schonenden Umgang mit sich selbst gehört auch, daß Sie weiterhin Ihre automatischen Gedanken kontrollieren. Gewöhnen Sie sich am besten an die sofortige Korrektur von Alles-oder-Nichts-Denken, Verallgemeinerungen, Selbstentmutigungen, voreiligen Schlußfolgerungen und Fehlzuschreibungen (wenn etwas schief geht, sind Sie daran schuld, bei Gelingen hatten Sie lediglich Glück). Nicht nur Depressive verdienen eine freundliche Behandlung durch die eigene, zu übertriebener Kritik neigende Person, sondern alle, die nicht (noch einmal) depressiv werden wollen.

Falls Sie nicht ausschließlich mit diesem Buch gearbeitet haben, sondern auch Antidepressiva einnehmen, tun Sie dies sicherheitshalber lieber noch für weitere sechs bis zwölf Monate nach dem Abklingen der Depression. Prof. Helmchen, Leiter der Abteilung für Klinische Psychiatrie der Freien Universität Berlin, pflegte zu sagen: „Das Eis ist noch dünn", um vor dem verfrühten Absetzen einer antidepressiven Medikation zu warnen. Dieses Bild ist insofern sehr treffend, als Sie nach einer Depression bei der geringsten Belastung einbrechen und in das kalte Wasser zurückfallen können, aus dem Sie sich mühsam herausgearbeitet haben.

Wenn nach Ihrem Eindruck ein gesünderer Lebensstil zu Ihrer Genesung beigetragen hat, können Sie einem Rückfall auch dadurch vorbeugen, daß Sie weniger Alkohol trinken, sich mehr bewegen, gesünder ernähren und für ausreichend Schlaf sorgen. Vielleicht möchten Sie sogar auf dem erfolgreich eingeschlagenen Weg noch ein Stück weitergehen und das Rauchen aufgeben, wobei Ihnen das Selbstbehandlungsbuch von Carr helfen kann (siehe Anhang). Dann hätte die Depression den Nutzen gehabt, eine derartige Entwicklung anzustoßen. Es bedarf meist einer Krise, um etwas zu verändern.

In diesem Zusammenhang besteht auch die Gelegenheit, sich im Rückblick mit Ihrer Depression auszusöhnen. Konnten Sie früher all jene depressiven Menschen wirklich verstehen, deren Leidensgenosse Sie zwischenzeitlich waren? Haben Sie Glücksgefühle so dankbar und bewußt erlebt, als Sie eine relativ ausgeglichene Stimmung noch für selbstverständlich hielten? Merken Sie sich diese Momente genau, ebenso, daß sie Ihnen **nach** einer Depression geschenkt wurden und Sie froh waren, sich nicht das Leben genommen zu haben. Versuchen Sie sich daran zu erinnern, falls es Ihnen wieder schlechter gehen sollte und Sie die Hoffnung zu verlieren beginnen.

Bedenken Sie auch, daß Wahrnehmung vom Unterschied lebt. Ohne Tiefen gibt es keine Höhen, ohne Nacht keinen Tag. Dabei ist mir eine Zeile von Eduard Mörike wichtig geworden: „... und bin vergnügt, daß beides aus Deinen Händen quillt"[5]. Auch wenn Sie (wie ich selbst) kein religiöser Mensch sind, möchten Sie doch vielleicht den Rest des Gedichts lesen, aus dem diese Zeile stammt und das ohnehin einen besseren Abschluß dieses Buches bildet, als ich ihn formulieren könnte:

Gebet

Herr! Schicke, was Du willst,
Ein Liebes oder Leides;
Ich bin vergnügt, daß beides
Aus Deinen Händen quillt.

Wollest mit Freuden
Und wollest mit Leiden
Mich überschütten.
Doch in der Mitten
Liegt holdes Bescheiden.

---

[5] Eduard Mörike: Gedichte, Dramatisches, Erzählendes, Stuttgart (Cotta), 2. Aufl., S. 134/135.

Teil IV
Anhang

Literatur

Aronson, C. (1993): Die Kunst, sich helfen zu lassen. Düsseldorf, ECON

Beck, A. T., Ward, C. H., Mendelson, M., Mock, J., Erbaugh, J. (1961): An inventory for measuring depression. Archive of General Psychiatry 4, S. 561–571

Burns, D. (1991): Fühl Dich gut. trèves psychologie, Trier (vergriffen, aber in Bibliotheken noch erhältlich) (Original: Burns, D. (1980): Feeling good. Guilford Press, New York)

Carr, A. (1992): Endlich Nichtraucher. München, Goldmann

Dürckheim, K. von (1991): Meditieren, wozu und wie. Freiburg, Verlag Herder

Foa, E. B. (1994): „Hör endlich auf damit." Wie Sie sich von zwanghaftem Verhalten und fixen Ideen befreien. München, Heyne

Hay, L., Taylor, J. C. (1996): Die innere Ruhe finden. Meditation als Weg

Hittleman, R. L. (1968): Be young with yoga. New York, Paperback Library

Hoffmann, N. (1994): Wenn Zwänge das Leben einengen. Mannheim, 4. Aufl., PAL

Hoffmann, N. (1994): Seele im Korsett. Freiburg, Verlag Herder

Jamison, K. R. (1997): Meine ruhelose Seele. Die Geschichte einer Depression, Gütersloh, Bertelsmann.

Lindemann, H. (1988): Überleben im Streß. Autogenes Training, München

Lohner, M. (1995): Plötzlich allein. Frauen nach dem Tod des Partners. Frankfurt/M. 11. Aufl., Fischer

Marks, I. (1993): Ängste. Verstehen und bewältigen. Berlin, Springer

Mensen, H. (1995): Das autogene Training. Entspannung, Gesundheit, Streßbewältigung, München

Middendorf, I. (1991): Der Erfahrbare Atem: eine Atemlehre. Mit Poster und zwei Tonbandkassetten. Berlin, Junfermann

Middendorf, I.: Der Atem und seine Bedeutung für den Menschen. Telefonische Bestellung von Mo–Fr 8–16 h unter der gebührenfreien Nummer 0130/860066

Müller, E. (1983): Bewußter leben durch autogenes Training und richtiges Atmen. Reinbek, Rowohlt

Müller, E. (1996): Auf der Silberlichtstraße des Mondes. Frankfurt/Main, Fischer

Schmidt, U. und Treasure, J. (1996): Die Bulimie besiegen – Ein Selbsthilfeprogramm. Aus dem Englischen unter der Verantwortung von C. Thiels mit einem Vorwort von C. Thiels. Frankfurt/M., Campus
Schultz, J. H. (1989): Übungsheft für das autogene Training. 22. Aufl. Bearbeitet von K. Thomas. Stuttgart, Thieme
Schwaebisch, L. und Siems, M. (1981): Selbsterfahrung durch Meditation. Reinbek, Rowohlt
Spiegel, C. (1988): Auf dem Weg zu sich selbst. Das Erlebnis der Meditation, München
Stokvis, B. und Wiesenhütter, E. (1963): Der Mensch in der Entspannung: Lehrbuch suggestiver und übender Verfahren der Psychotherapie und Psychosomatik. Stuttgart, 2. Aufl., Hippokrates

Adressen für Depressive und ihre Angehörigen

Auskunft über Selbsthilfegruppen

Nationale Kontakt- und Informationsstelle zur Anregung und Unterstützung von Selbsthilfegruppen (NAKOS), Albrecht-Achilles-Str. 65, 10705 Berlin, Telefon: 030/8914019, Telefax: 030/8934014. Bei NAKOS erhalten Sie Informationsmaterial über Selbsthilfegruppen sowie Kontaktadressen von bundesweit tätigen Selbsthilfevereinigungen und solche von professionellen Kontaktstellen auf örtlicher Ebene. Anfragen bitte schriftlich mit Beilage eines adressierten und frankierten Rückumschlags. (Der NAKOS-Broschüre „Grüne Adressen 1997/98" sind die meisten der folgenden Anschriften entnommen.)

Auskunft über Selbsthilfegruppen in der Schweiz erhalten Sie bei der Arbeitsgruppe KOSCH, c/o Selbsthilfezentrum „Hinterhuus", Feldbergstr. 55, CH-4057 Basel, Telefon: 61/6928100, Fax 61/6928177

Selbsthilfegruppen in Österreich vermittelt SIGIS, Service- und Informationsstelle für Gesundheitsinitiativen und Selbsthilfegruppen im Fonds Gesundes Österreich, Ausstellungsstr. 44, A-1020 Wien, Telefon: 01/7260260, Fax 01/726026020

Emotionale Gesundheit

Emotions Anonymus (EA) – Interessengemeinschaft e.V., Katzbachstr. 33, 10965 Berlin, Telefon: 030/7867984

Suizidprävention

Michael-Franke-Stiftung, Beratung für junge Menschen, die nicht mehr weiter wissen (auch für Angehörige), Quantiusstr. 8, 53115 Bonn, Telefon: 0228/696939

Hilfe zum Weiterleben – Arbeitskreis für Selbstmordverhütung und Krisenberatung e. V., Ulla Sambach, Postfach 1818, 32708 Detmold, Telefon: 05231/32984

Trauerbegleitung

TABU e. V., Tiegelstr. 23, 45141 Essen, Telefon: 0201/328777

TrauerWege – Beratung und Begleitung für Menschen in Verlust- und Krisensituationen e. V., Greiffenklaustr. 15, 55116 Mainz, Telefon: 06131/231100

Alkoholprobleme und deren Prävention (auch für Angehörige)

Anonyme Alkoholiker Deutschland (AA), Johannes Prusky, Postfach 460227, 80910 München, Telefon: 089/3164343 und 089/316950–0, Telefax: 089/3165100

Anonyme Ärzteselbsthilfegruppe der AA, Dr. med. Maria-Theresia Conradty, Bahnhofstr. 36, 86971 Peiting, Telefon: 08861/6115, Telefax: 08861/6115, Mo–Fr 8–9h

Kreuzbund e. V., Heinz Josef Janßen, Postfach 1867, 59008 Hamm, Telefon: 02381/67272–0, Telefax: 02381/67272–33

Deutscher Frauenbund für alkoholfreie Kultur, Helga Rau, Kurt-Tucholsky-Str. 7, 63329 Egelsbach, Telefon: 06103/42731, Telefax: 06103/42731

Deutscher Guttempler Orden, Frau Schneider, Frau Gerber, Adenauerallee 45, 20097 Hamburg, Telefon: 040/245880, Telefax: 040/241430

Al-Anon-Familiengruppen, Brigitte Schons, Emilienstr. 4, 45128 Essen, Telefon: 0201/773007, Telefax: 0201/773008

Beratung bei sexueller Gewalt

Frauen-Selbsthilfe und Beratung Wildwasser e. V., Friesenstr. 6, 10965 Berlin, Telefon: 030/6939192

Männergewalt – Männer gegen Männergewalt e. V., Mühlendamm 66, 22087 Hamburg, Telefon: 040/2201277

Eßstörungen

Deutsche Intergruppe der OA, (Overeaters Anonymus), Postfach 10 62 06, 28026 Bremen (vermittelt auf schriftliche, Anfrage Adressen örtlicher Selbsthilfegruppen)

OA (Overeaters Anonymous), Wickenburggasse 15, A-1080 Wien, Tel. 01/82 14 44 (vermittelt auf schriftliche, Anfrage Adressen örtlicher Selbsthilfegruppen)

OA (Overeaters Anonymous), Postfach 680, CH-8021 Zürich (vermittelt auch Adressen örtlicher Selbsthilfegruppen)

Zwangserkrankungen

Deutsche Gesellschaft Zwangserkrankungen e. V., Burkhard Ciupka, Postfach 1545, 49005 Osnabrück, Telefon: 0541/4096633, Telefax: 0541/4096635

Ängste

Agoraphobie e. V. – Beratungsstelle bei Angst, Panik und Phobien, Frau Hartmann, Frau Kropf, Herr Hartmann, Taunusstr. 5, 12161 Berlin, Telefon: 030/8515824, Mo 9–14, Mi 13–18, Do 18–20, Fr 9–13h

DASH – Deutsche Angst-StörungenHilfe und SelbstHilfe, c/o MASH – Münchner Angst-Selbsthilfe e. V., Gerhard Schick, Bayerstr. 77a Rgb., 803555 München, Telefon: 089/5438080, Telefax: 089/54403776, Mo, Do 15–18, Mi 11–14h

Folteropfer

Behandlungszentrum für Folteropfer Berlin e. V., Spandauer Damm 130, 14050 Berlin, Telefon: 030/3039–060

Schmerzen

Schmerzforum Rhein-Main e. V., Zeil 77, 60313 Frankfurt/M., Telefon: 069/289315

Schmerzforum Freiburg e. V., Scheffelstr, 7, 79102 Freiburg, Telefon: 0761/75747

SCHMERZ therapeutisches Kolloquium e. V., Schloßstr. 14b, 82031 Grünwald, Telefon: 089/6417049

Weitere Anschriften erhalten sie über die Bundeszentrale für gesundheitliche Aufklärung, Ostmerheimer Str. 200, 51109 Köln, Telefon: 0221/8992–0

Sport & Selbstverteidigung

Landessportbund Nordrhein-Westfalen e. V., Friedrich-Alfred-Str. 25, 47055 Duisburg, Telefon: 0203/7381–01